EN TRENGSELSTID FOR JAKOB

ISRAELS KAMP FOR OVERLEVELSE
OG DEN KOMMENDE HERLIGHETEN

LARS ENARSON

Israelbok.no

En trengselstid for Jakob: Israels kamp for overlevelse og den kommende herligheten
Originalens tittel: *The Time of Jacob's Trouble – Israel's Struggle for Survival and the Coming Glory*
Copyright © 2011-2017 Lars Enarson
Copyright norsk oversettelse © 2018 Jon Andersen
Alle rettigheter reservert.
Trykk: IngramSpark
1. utgave på papir, juni 2018
Utgitt av Israelbok.no, en avdeling av Himmelbok.no
ISBN: 978-91-983639-9-9

I denne boka er ordet Kristus noen ganger gjengitt som *Messias* og Jesus som *Jeshua*. Alle uthevelser og ord i parentes i skrifthenvisninger er forfatterens egne dersom intet annet er angitt.

Første utgave på engelsk kom i 1997. Dette er første utgave på norsk, 2018, oversatt fra den tredje, utvidede utgaven på engelsk fra 2017.

Hvis intet annet er angitt, er alle bibelsitater hentet fra Bibelen Den Hellige Skrifts oversettelse av 1988.

Skriftsteder som er merket med HNV, er direkte oversatt fra den engelske Hebrew Names Version, også kjent som World English Bible: Messianic Edition.

Skriftsteder som er merket med NIV, er direkte oversatt fra den engelske New International Version.

Skriftsteder som er merket med BGO, er sitater fra den norske oversettelsen Bibelen Guds Ord.

Skriftsteder som er merket med 1978, er sitater fra Det norske bibelselskaps oversettelse av 1978.

Skriftsteder som er merket med KJV, er direkte oversatt fra den engelske King James Version.

Skriftsteder som er merket med 2011, er sitater fra Det norske bibelselskaps oversettelse av 2011.

INNHOLD

«Jakob ble så alene tilbake. Da kom det en mann og kjempet med ham helt til morgenen grydde … Og solen rant opp nettopp som han var kommet forbi Pnuel.»
1 Mosebok 32,24.31

INTRODUKSJON

«Så sier Herren Herren: Dette Jerusalem satte jeg midt iblant hedningefolkene og la land rundt omkring henne»
Esekiel 5,5.

Jerusalem blir mer og mer sentrum for verdens oppmerksomhet. Konflikten i Midtøsten angår oss alle. Gud har gjort det slik at hele menneskeheten er avhengig av utfallet av denne konflikten.

Som personer som tror på Israels Messias, må vi ta ansvaret mot det jødiske folket på alvor. Det første skrittet blir å forstå hva som pågår og hvorfor denne konflikten er så avgjørende.

Heldigvis har ikke Gud forlatt oss i uvitenhet. Profetenes ord, som ble nedskrevet i Skriften flere tusen år i forveien, gir oss det lyset vi trenger. Apostelen Peter skrev:

> «Og desto fastere har vi det profetiske ord, som dere gjør vel i å akte på. Det er som en lampe som lyser på et mørkt sted, inntil dagen lyser fram og morgenstjernen går opp i deres hjerter. For dere vet først og fremst dette, at intet profetord i Skriften er gitt til egen tydning. For aldri er noe profetord brakt fram ved menneskers vilje, men de hellige Guds menn talte drevet av Den Hellige Ånd.» (2 Peter 1,19-21.)

Jødiske lærde omtaler Jakobs trengselstid som fødselsveer for Messias. Denne boka handler om de kataklysmiske begivenhetene på slutten av denne tidsalderen, inkludert den store trengselen, Gog- og Magog-krigen og slaget ved Harmageddon, som vil finne sted før Messias kommer. Det vil være en tid med store omveltninger, men resultatet vil bli frelse for det jødiske folk og liv for hele verden. «Ve! Stor er den dagen, det er ingen som den. En trengselstid er det for Jakob. Men han skal bli frelst fra den.» (Jeremia 30,7.)

På en måte ble De hellige skrifter skrevet primært for denne tiden. Paulus skrev i Romerne 15,4:

«Og alt som før er skrevet, det er skrevet til lærdom for oss, for at vi skal ha håp ved det tålmod og den trøst som Skriftene gir.»

Og i 1. Korinterne 10,11:

«Men alt dette hendte dem som forbilder, og det er skrevet til formaning for oss, som de siste tider er kommet til.»

Den største åndelige kampen i tiden mellom mørkets og lysets krefter er over oss. Hvis vi noensinne har hatt behov for å studere Skriftene, så er det nå. Det er min bønn at denne boka vil gi deg større forståelse for den tiden vi lever i og hjelpe deg med å fullbyrde ditt kall angående det jødiske folket.

Lars Enarson

EN TRENGSELSTID FOR JAKOB

KAPITTEL 1

HJEMKOMSTEN

Israels Gud, Bibelens Gud, vår Herre Jeshua Messias'[1] Gud og Far er også historiens Gud. Ingen andre enn Gud kan erklære hvordan slutten blir i begynnelsen og gi nøyaktige forutsigelser om fremtiden flere tusen år i forveien.

«Så sier Herren, Israels konge og gjenløser, Herren, hærskarenes Gud: Jeg er den første, og jeg er den siste, og foruten meg er det ingen Gud. Hvem er som jeg? La ham kunngjøre det, la ham legge fram for meg det som har hendt helt siden jeg skapte oldtidens ætt. Og det som skal komme i framtiden – la dem kunngjøre det! Frykt ikke og forferdes ikke! *Har jeg ikke for lenge siden latt deg høre det og forkynt det for deg? Dere er mine vitner. Er det noen Gud foruten meg?* Det er ingen klippe, jeg kjenner ingen.» (Jesaja 44,6-8, min utheving.)

Og i Jesaja 46,8-10 sier Gud:

«Kom dette i hu og vær faste! Ta det til hjerte, dere overtredere! Kom i hu de ting som hendte fra eldgammel tid, at jeg er Gud, og ingen annen. Jeg er Gud, og det er ingen som jeg, jeg som fra begynnelsen forkynner enden,

---

1   Navnet Jesus er en norsk oversettelse av den greske oversettelsen av vår Frelsers opprinnelige hebraiske navn, *Jeshua*. I denne boka kommer jeg som oftest til å gjengi Jesus og Kristus som *Jeshua* og *Messias*.

9

og fra fordums tid det som ikke er skjedd. Det er jeg som sier: Mitt råd skal bli fullbyrdet, og alt det jeg vil, det gjør jeg.»

Det finnes sannelig ingen gud som Israels Gud, som kan forkynne enden fra begynnelsen. Han er historiens Gud. Det profetiske ordet i Skriften er som et lys som skinner på et mørkt sted. Lyset hjelper oss med å finne kursen og tryggheten når det er mørkt. Apostelen Peter sier at vi må akte på det profetiske ordet.

«Og desto fastere har vi det profetiske ord, *som dere gjør vel i å akte på*. Det er som en lampe som lyser på et mørkt sted, inntil dagen lyser fram og morgenstjernen går opp i deres hjerter.» (2 Peter 1,19, min utheving.)

Midt oppe i den voksende frykten og forvirringen som omgir oss på alle kanter, vil Gud at vi skal vite at han har alt under kontroll. Han har forsikret oss om at vi kan få forståelse og innsikt i det som pågår.

Gud sa til Jeremia at han skulle skrive ned alle ord som han ga ham, for en dag, mange tusen år senere, ville han oppfylle løftet sitt og gjenopprette Israels og Judas folk tilbake til sitt eget land igjen.

«Dette er det ord som kom til Jeremia fra Herren: Så sier Herren, Israels Gud: Skriv alle de ord jeg har talt til deg, i en bok! For se, dager kommer, sier Herren, da jeg gjør ende på mitt folks, Israels og Judas fangenskap, sier Herren, og fører dem tilbake til det landet jeg gav deres fedre, så de kan ta det i eie.» (Jeremia 30,1-3.)

Jeshua sa i Matteus 24,35: «Himmel og jord skal forgå, men mine ord skal aldri noensinne forgå.»

Takk Gud for de hellige skrifter! Takk Gud for det profetiske ordet som gir oss innsikt og den kursen som vi trenger i dag. Men vi må ydmyke oss selv og akte på det.

Fredrik den store av Preussen stilte en gang et spørsmål til den personlige legen sin: «Gi meg ett bevis på at det finnes en Gud!

Men skynd deg, for jeg har ikke lang tid igjen.» Legen svarte raskt: «Jødene, Deres majestet.»

Det jødiske folket er et bevis på at Gud eksisterer og at Bibelen er sann. Deres eksil, bevaring og hjemkomst flere tusen år senere utgjør et mirakel uten like. «Hør Herrens ord, alle folk! Forkynn det til de fjerne kyster og si: Han som spredte Israel, skal samle det og vokte det, som en hyrde vokter sin hjord.» (Jeremia 31,10.)

Bibelen forutsier klart og tydelig at på grunn av ulydighet, ville det jødiske folket bli spredd omkring til alle verdens nasjoner. Bibelen forutsier like tydelig at Gud ville bevare dem som et folk blant nasjonene og en dag føre dem tilbake til deres eget land igjen. Det finnes sannelig ingen andre fenomener i historien som kan sammenlignes med Israels gjenopprettelse etter to tusen år.

Da Israel ble en nasjon igjen i 1948 etter to tusen år i eksil, fant man Dødehavsrullene med kopier av det profetiske ordet som forutså denne begivenheten for flere tusen år siden. Kopiene er cirka to tusen år gamle, og de stammer fra den tiden da det jødiske folket fortsatt bodde i landet sitt. De er nesten ett tusen år eldre enn noen andre manuskripter fra den hebraiske Bibelen som var blitt funnet inntil da. Disse rullene forutsier i detalj både jødenes adspredelse og gjenforening fra jordens fire hjørner tilbake til deres eget land.

Gud lot disse rullene bli funnet nettopp på dette tidspunktet for å understreke for dem som har ører til å høre med, at det profetiske ordet er sant og at gjenopprettelsen av det moderne Israel ikke er en tilfeldighet. Det var forutsagt av ham for flere tusen år siden og viser oss at hans Sønns ankomst er nær. Apostelen Peter sa til folket i Templet i Jerusalem: «Ham (Jesus) som himmelen skal huse inntil de tider da alt det blir gjenopprettet som Gud har talt om ved sine hellige profeters munn fra eldgamle dager av.» (Apg 3,21.) Vi lever i sannhet i disse husvalelsens tider.

Gjennom profetenes ord i Skriften har Gud levert en meget klar beskjed til hele menneskeheten, både til Israel og til resten av verdens nasjoner: Israels Gud er også historiens Gud.

FRYKT, IKKE FRED

Det profetiske ordet er meget nøyaktig. Rett etter Guds erklæring i Jeremia kapittel 30 om å samle sammen folket igjen, står det:

«Og dette er de ord Herren har talt om Israel og Juda: Så sier Herren: Vi hørte et rop av skrekk, det er frykt og ingen fred.» (Jer 30,4-5.)

Er det ikke nøyaktig dette som har vært kjennetegnet på den moderne Staten Israel fra begynnelsen av i våre dager? Istedenfor fred har det vært terror og frykt. Faktum er at ordene «terrorist» og «terrorisme» er ord som først og fremst er koblet til det siste århundre etter at det jødiske folket begynte å vende tilbake til sitt eget hjemland. Selv om terrorisme er et økende problem over hele verden, har Israel og jødene både vært og er fortsatt de viktigste målene.

Teksten fortsetter slik:

«Spør og se etter om en mann føder! Hvorfor ser jeg hver mann med hendene på sine hofter, lik en fødende kvinne? Og hvorfor er alle ansikter blitt så bleke? Ve! Stor er den dagen, det er ingen som den. En trengselstid er det for Jakob. Men han skal bli frelst fra den.» (Jer 30,6-7.)

Terror og frykt vil øke og bli verre inntil det når et punkt i historien som er forutsagt av Gud og som kalles for «en trengselstid for Jakob».

ET PROFETISK BILDE

Hvorfor kalles denne tiden for «en trengselstid for Jakob»? Finnes det noen parallell mellom det som skjer i Israel i dag og det som skjedde med det jødiske folkets stamfar Jakob da han vendte tilbake til løfteslandet? Ja, det finnes det. I historien om Jakob har Gud gitt oss et tydelig profetisk forbilde for det som skjer med folket hans i dag og også det som snart vil skje.

Jakob var sønnen som hadde Guds velsignelse og løfter. Men det var ikke før han vendte tilbake til hjemlandet sitt, som han fullbyrdet det han var forutbestemt til. Etter et møte med Gud som forvandlet livet hans, ble Jakob, «hæl-griperen», forvandlet til Israel, «fyrste med Gud».

Romerne 11,29 er et vers som ofte er blitt sitert, der Paulus henviser til Israel når han sier: «For Gud angrer ikke sine nådegaver og sitt kall.»

Erstatningsteologi, som sier at menigheten har erstattet Israel, er en fornærmelse mot Guds karakter, som er trofasthet, godhet og barmhjertighet. Denne doktrinen fornekter blankt det som Paulus sier i Romerne 3,3-4: «Hva så om noen var utro? Skulle vel deres utroskap gjøre Guds troskap til intet? Langt derifra!» Denne feilaktige undervisningen overser også Paulus' kunngjøring i Romerne 11,2: «Gud har ikke forkastet sitt folk, som han forut kjente.»

Gud visste allerede før han utvalgte Israel at de ville svikte. Ta ikke feil! Uansett hva du har hørt eller blitt opplært til å tro, har Gud aldri fjernet eller endret på sitt kall, plan eller løfter for det jødiske folket.

Men i dag holder jødenes hjemkomst til deres eget hjemland på å bygge seg opp til et klimaks med frykt og enestående internasjonal spenning: «en trengselstid for Jakob». Dette kommer til å være den tiden når hele Israel til slutt vil bli frelst.

JAKOBS HJEMKOMST

I 1. Mosebok kapittel 31 til 33 leser vi om Jakobs hjemkomst til løfteslandet. I begynnelsen står det:

> «Så fikk Jakob høre at Labans sønner hadde sagt: Jakob har tilvendt seg alt det vår far eide. Det er av vår fars eiendom han har lagt seg til all denne rikdom. Jakob la merke til Labans ansikt, og se, han var ikke den samme mot ham som før.» (1 Mos 31,1-2.)

På samme måten som det var med Jakobs hjemkomst, har den moderne sionistiske bevegelsen som har ført jødene tilbake til hjemlandet deres, vært motivert av lignende opplevelser. Begge har vært et resultat av økt usikkerhet på grunn av sjalusi og fiendtlighet fra folk rundt omkring dem i fremmede land.

Hvor mange ganger i historien har holdningene overfor det jødiske folket plutselig blitt forvandlet? Igjen og igjen har jødene som rase blitt anklaget for å tilrane seg andres rikdom gjennom svik, på samme måten som Labans sønner feilaktig anklaget Jakob. Hvor nøyaktig det profetiske ordet er!

I dag vokser antisemittismen igjen, ikke bare i den muslimske verden, men også i Europa og til og med i Amerika. Bare vent til økonomien begynner å rase i de rike landene i verden og se hvem som vil få skylden!

På tross av det fryktelige jødiske Holocaust for bare en generasjon siden, kan den mest skitne og voldsomme antisemittismen bli et resultat av en krise i Amerika, akkurat som det skjedde i Nazi-Tyskland på 1930-tallet. I dårlige tider har jødene alltid vært syndebukken.

Det spørsmålet som vi må stille oss, er som følger: Vil de kristne være våkne og handle annerledes enn de gjorde i Tyskland under nazistenes styre? En absolutt nødvendighet for at dette ikke skal skje, er sterk og klar bibelundervisning mot all erstatnings-teologi som har infiltrert menighetens talerstoler.

GUDS PLAN

Den andre årsaken til at Jakob vendte tilbake, og for den moderne sionistiske bevegelsen tilbake til løfteslandet, er Gud selv. I neste vers står det:

«Og Herren sa til Jakob: Vend tilbake til ditt fedreland og til din slekt, og jeg vil være med deg.» (1 Mos 31,3.)

Det var Gud som sa at Jakob skulle reise tilbake til Løftes-landet. På samme måten har den sionistiske bevegelsen vært Guds hånd som virker i historien for å bringe jødene tilbake til deres eget land.

På tross av deres synd, opprør og vantro har Gud vært med det jødiske folket gjennom den lange historien. «Hør Herrens ord, alle folk! Forkynn det til de fjerne kyster og si: Han som spredte Israel, skal samle det og *vokte det, som en hyrde vokter sin hjord.*» (Jer 31,10, min utheving.) Noen få vers senere forklarer Gud: «Og likesom jeg har våket over dem for å rykke dem opp og for å rive og bryte ned og ødelegge og plage dem, slik vil jeg også våke over dem for å bygge og plante, sier Herren.» (V. 28.)

Gud har lovet å vokte Israel slik som en hyrde vokter sin hjord. Det finnes ingen tilfeldigheter når det gjelder Israel. Ingenting skjer med hans folk uten tillatelse fra Israels hyrde. Han er årsak nummer en for at den moderne Staten Israel eksisterer. Han sa i Mika 4,6-7: «På den dag, sier Herren, vil jeg samle de haltende og *sanke sammen de bortdrevne og dem jeg har fart ille med. Jeg vil la* de haltende bli i live som en rest og *gjøre de bortdrevne til et mektig folk.*» (Min utheving.)

Dagen etter at Staten Israel erklærte sin uavhengighet, erklærte alle de arabiske landene rundt omkring, som besto av mer enn 40 millioner innbyggere, krig mot den nyfødte nasjonen med kun 650 000 innbyggere. Araberne var opplært og utrustet av britene, og de angrep med moderne hærer som var tallmessig sterkt overlegne den dårlig utrustede og generelt uforberedte israelske hæren. Da kampene var over noen få måneder senere, hadde Israel fått kontrollen over mer land enn da krigen begynte.

Bibelen sier at han som våker over Israel, verken blunder eller sover (Sal 121,4). Det skjer ingenting med Guds folk uten hans tillatelse. Både Bibelen og historien forteller oss at Gud står bak det jødiske folkets hjemkomst tilbake til deres eget land i vår tid.

HIMMELENS HÆRER

Umiddelbart etter at Jakob hadde forlatt en opprørt og vred Laban og alle broene bak ham var brent, står det:

«Jakob drog da sin vei videre, og Guds engler møtte ham. Og Jakob sa, da han så dem: Dette er Guds leir! Og han kalte stedet Mahanaim.» (1 Mos 32,1-2.)

Mahanaim betyr «to hærer» eller «to leire». I dag finnes det to hærer som er aktivt og intenst engasjert i å hjelpe jødene med å vende tilbake til sitt eget land: englene i himmelen og de bedende troende på jorda.

Den avdøde internasjonale bibellæreren Derek Prince pleide å fortelle en historie om en pastor i New Zealand som hadde en drøm der han så en skare av engler som var ivrige og rede til å bli forløst på jorda. Englene måtte imidlertid vente på en befaling fra hærskarenes Gud, *ADONAI Tzevaot.*

Litt senere hadde han den samme drømmen igjen. Denne gangen så han at englene ble forløst mot jorda. Han fikk et kraftig inntrykk av at det holdt på å skje noe helt spesielt i himmelen, og han undret på hva synet kunne bety. Etter en stund begynte han å fortelle kollegene sine om drømmene og at de skulle forberede seg, for han trodde at det snart ville bryte ut en mektig vekkelse i det området.

Det gikk flere måneder, og det kom ingen vekkelse. Omtrent ett år senere fikk han en dag en tanke om at han burde prøve å finne ut om det hadde skjedd noe viktig noe annet sted i verden på den dagen som englene ble forløst fra himmelen til jorda. Det tok ikke lang tid før han fant ut at det skjedde på den første dagen av Seksdagerskrigen, da Jerusalem ble gjenforent under jødisk styre for første gang på over 2000 år. Den 7. juni sendte oberst Motta Gur denne bevegende kunngjøringen på radio: «Tempelberget er i våre hender! Jeg gjentar, Tempelberget er i våre hender!» Det var i sannhet en mirakuløs krig av bibelske proporsjoner.

Det er bare himmelens hærskarer og bedende troende med profetiske øyne og ører som kan høre fra Guds Ånd, som helt og fullt forstår betydningen av det som skjer i dag i Midtøsten.

INGEN FRED UTEN GUD

Allikevel har Israel ennå ikke vendt tilbake til sin fulle arv. Vi har bare sett begynnelsen på oppfyllelsen av profetiene.

Det er få profetier i Bibelen som handler om at jødene skal vende tilbake til kysten rundt Tel Aviv, Netanya og Haifa, der mesteparten av jødene i Israel bor i dag. De fleste løftene handler om Judea, Samaria og fjellene i Israel og åtti prosent av dette kalles i dag for Vestbredden. Der som de palestinske araberne bor i dag, ligger selve hjertet i Løfteslandet.

I likhet med Jakob som vendte tilbake til sitt eget land, møter jødene i dag en bitter og såret «bror» som har sverget å drepe dem.

«Esau la Jakob for hat på grunn av den velsignelsen som hans far hadde velsignet ham med. Og Esau sa i sitt hjerte: Snart må vi ha sørgedager over min far, og da skal jeg slå i hjel Jakob, min bror.» (1 Mos 27,41.)

Det første som Jakob prøvde å gjøre da han vendte tilbake, var å arrangere en «fredskonferanse». Bibelen forteller at han sendte budbærere foran seg for å fortelle Esau at han bare ville leve i fred med ham.

> «Så sendte Jakob bud foran seg til Esau, sin bror, i landet Seir, på Edoms mark. Han bad dem og sa: Dere skal si til min Herre Esau: Så sier din tjener Jakob: Jeg har oppholdt meg hos Laban og vært der helt til nå. Jeg har fått okser, esler og småfe, treller og trellkvinner. Nå sender jeg bud til min herre for å fortelle dette, og for å finne nåde for dine øyne.» (1 Mos 32,3-5.)

Dette ligner så mye på Israel i dag. Helt fra begynnelsen av har jødenes ønsket fred, nesten til enhver pris. Men det er ingen fred.

Akkurat som Gud hadde en plan for Jakob, har han også en helt spesiell plan for Israel i dag. Han er ute etter hjertene deres.

Uansett hvor mye Israel prøver, kommer araberne aldri til å inngå en sann fred med dem inntil det jødiske folket har møtt sin Messias ansikt til ansikt og blitt forvandlet av ham. Hvilken dag det vil bli! Verken religion eller politikk er svaret. Gud selv er det eneste svaret på Israels freds-problem.

Budbærerne vendte raskt tilbake til Jakob og sa: «Vi kom til din bror, til Esau. Nå kommer han selv i møte med deg, og fire hundre mann med ham.» (1 Mos 32,6.)

Det er nettopp dette som kommer til å bli resultatet av alle fredsforhandlinger i Midtøsten i dag.

Bibelen forteller at Esau kom ut for å møte Jakob med fire hundre mann. Fire er tallet for jorda og også for kjødet. Fire hundre er et tall som ofte er nevnt i Bibelen i forbindelse med militær styrke (Dom 20,2; 1 Sam 22,2; 25,13; 30,10). Sakarja 12,3 forkynner at til slutt vil alle nasjoner på jorda slutte seg til araberne og komme mot Jerusalem.

«Det skal skje på den dag at jeg vil gjøre Jerusalem til en løftestein for alle folkene. Alle som løfter på den, skal såre seg selv. Ja, *alle jordens hedningefolk skal samle seg mot det*.» (Min utheving.)

Da Jakob hørte nyheten om denne hæren som kom mot ham, står det:

«Da ble Jakob meget forferdet. Han delte folket som var med ham, og småfeet, storfeet og kamelene i to leirer. For han sa: Om Esau kommer til den ene leiren og slår den, så kan den andre leiren som er igjen, få berge seg unna. Og Jakob sa: Min far Abrahams Gud og min far Isaks Gud! Herre, du som sa til meg: Vend tilbake til ditt land og din slekt, og jeg vil gjøre vel mot deg! Jeg er uverdig til all den miskunnhet og trofasthet som du har vist mot din tjener. For med din stav gikk jeg over Jordan her, og nå er jeg blitt til to leirer. Jeg ber deg, fri meg fra min brors hånd, fra Esaus hånd! For jeg er redd for ham, at han skal komme og slå i hjel meg og mine, både mor og barn. Du har jo selv sagt: Jeg vil gjøre vel imot deg! Jeg vil la din ætt bli som havets sand som ikke kan telles for mengde. Han ble der den natten … Jakob ble så alene tilbake.» (1 Mos 32,7-13.24, min utheving.)

Dette er en trengselstid for Jakob.

KJEMPER MED GUD

Jakobs hjerte begynte å mykne opp på grunn av den varme ilden som han gikk igjennom. Han sendte folk foran seg med generøse gaver til broren Esau, men Jakob var fortsatt redd.

«Så drog de i forveien med gaven, men selv ble han denne natten i leiren ... Jakob ble så alene tilbake. Da kom det en mann og kjempet med ham helt til morgenen grydde.» (1 Mos 32,21.24.)

Jakobs største problem handlet ikke om mennesker men om Gud. Han hadde tilbrakt tjue år i et fremmed land med Guds løfte over livet, men det var fortsatt noe uferdig mellom ham og Gud. Nå hadde regnskapets time kommet.

Det er det samme med det jødiske folket i dag. Akkurat som Jakob tilbrakte tjue år med å tjene Laban, så har jødene begynt å vende tilbake etter tjue århundrer som de har vært spredt blant nasjonene. Akkurat som det var med Jakob, er det fortsatt noe som ikke er oppgjort mellom dem og Gud. «Den stein som bygningsmennene forkastet» (Salme 118,22) står fortsatt ikke på sin rette plass. Uten den kan bygningen aldri bli stående.

I den krisen som Jakob gikk igjennom, forvandlet Gud livet hans. Det står at *en mann* kjempet med Jakob. Men etterpå kalte Jakob plassen for Pniel og sa: «*Jeg har sett Gud* åsyn til åsyn, og enda berget livet.» (1 Mos 32,30, min utheving.)

I Hosea 12,3-6 står det skrevet:

> «Herren har trette med Juda. Han skal hjemsøke Jakob for hans ferd og betale ham etter hans gjerninger. I mors liv holdt han sin bror i hælen, og i sin manndomskraft kjempet han med Gud. Han kjempet med engelen og vant, han gråt og bad om nåde. I Betel møtte han ham, der talte han med oss. Og Herren, hærskarenes Gud – Herren er det navn han skal kalles med.» (Min utheving.)

Det vesenet som Jakob kjempet med, kalles både for «mann», «Gud» og «engel» i tillegg til «hærskarenes Gud», som åpenbarte seg for ham i Betel. Det finnes bare en person som kalles med alle disse titlene i Bibelen: Jeshua fra Nasaret!

Når krisen i Midtøsten eskalerer i dag, vil Israels forløser, som utgjøt sitt blod for deres synder, fortsette med å kjempe med sitt eget folk inntil de har overgitt seg til ham.

«Jerusalem, Jerusalem! Du som slår i hjel profetene og steiner dem som er sendt til deg! Hvor ofte jeg ville samle dine barn, som en høne samler kyllingene under vingene. Men dere ville ikke. Se, huset deres skal bli liggende øde. For jeg sier dere: Fra nå av skal dere ikke se meg før dere sier: Velsignet være han som kommer i Herrens navn!» (Matt 23,37-39, min utheving.)

I kampen mellom Jakob og den Messias som ennå ikke var unnfanget, står det: «Da mannen så at han ikke kunne overvinne ham, rørte han ved hans hofteskål, og Jakobs hofteskål gikk av ledd mens han kjempet med ham.» (1 Mos 32,25.)

Muskelen over hoften skal angivelig være den sterkeste muskelen i kroppen. Jakob ga ikke opp så lett. I 5. Mosebok 32,36 står det: «For Herren skal dømme sitt folk og ha medynk med sine tjenere, når han ser at deres makt er borte, at det er ute både med store og små.»

De jødiske rabbiene mener at den siste setningen, «når han ser at deres makt er borte, at det er ute både med store og små», betyr at det kommer til å komme en tid når ingen vil støtte Israel. Vi leser i 1. Mosebok 32,24 at Jakob var helt alene da han kjempet med engelen. I Daniel 12,7 står det: «Og når det hellige folks makt er fullstendig knust, skal alle disse ting fullendes.»

Gud vil redde sitt folk ut av det største mørket og fortvilelsen i menneskets historie. «Ve! Stor er den dagen, det er ingen som den. En trengselstid er det for Jakob. *Men han skal bli frelst fra den.*» (Jer 30,7, min utheving.) Den endelige løsningen er sikker. «Og slik skal hele Israel bli frelst, som det står skrevet: Fra Sion skal befrieren komme. Han skal rydde bort ugudelighet fra Jakob. Og dette skal være min pakt med dem, når jeg tar bort deres synder.» (Rom 11,26-27.)

VÅRT ANSVAR

Det er bare Gud som vet hvor langt krisen vil eskalere. Men en ting er sikkert: De som er etterfølgere av Israels Messias, vil bære en stor del av ansvaret for dette innfor Gud, og vi må ta dette ansvaret på alvor.

I løpet av århundrene har menigheten mishandlet det jødiske folket så grovt med sin erstatningsteologi og ugudelige handlinger at det i dag er nesten umulig for det jødiske folket å akseptere at deres Messias er de kristnes Jesus fra Nasaret.

Under Holocaust sa Hitler at han bare gjorde det som Martin Luther hadde foreslått i sine skrifter fire hundre år i forveien. I det tolvte århundre sang korsfarerne «Kristus vi elsker deg» samtidig som de brente de jødiske overlevende i Jerusalem levende etter at de hadde søkt tilflukt i sin egen synagoge. Inkvisisjonen i Spania og pogromene i Øst-Europa og Russland er andre skammelige eksempler på menighetens skitne historie i forhold til det jødiske folket.

I atten hundre år har menigheten sagt til jødene: «Vi har overtatt de løftene som er gitt dere i Bibelen. Gud er ferdig med dere. Dere drepte Kristus!» Eller i en mer sofistikert versjon: «Gud hadde aldri ment at løftene skulle handle om dere fra begynnelsen av. De var ment som åndelige løfter for oss i menigheten.»

Den rettferdige gamle gammen Simeon profeterte da han tok babyen Jesus i sine armer og sa at Jesus skulle være «et lys til åpenbaring for hedningene, og en herlighet for ditt folk Israel» (Luk 2,32). I to tusen år har lyset fra evangeliet om Jesus Kristus lyst over nasjonene. Snart vil den andre delen av Simeons profeti også gå i oppfyllelse: Jeshua vil bli «en herlighet for ditt folk Israel». Gud er ikke ond eller svikefull. Han mener det han sier, og han sier det han mener.

Tenk så mye som vi hedninger som følger Messias, trenger å omvende oss fra for å fullbyrde vårt kall til det jødiske folket! På tross av menighetens feiltrinn i fortiden, sier Bibelen at de hedningene som tror på Messias, har et kall som kommer til å bli så fylt av Guds herlighet at vi vil vekke misunnelse hos det jødiske folket. For et fantastisk løfte!

«Jeg sier da: Har de snublet for at de skulle falle? Langt derifra! Men ved deres fall er frelsen kommet til hedningene for å vekke Israel til nidkjærhet.» (Rom 11,11.)

Gud vil gjøre dette til en virkelighet på grunn av at det finnes mennesker som ber trofast: «Komme ditt rike. Skje din vilje, som i himmelen, så og på jorden.» (Matt 6,10.)

I Romerbrevet 11,25-26 står det:

«For jeg vil ikke, brødre, at dere skal være uvitende om denne hemmelighet – for at dere ikke skal anse dere selv for kloke: Forherdelse er for en del kommet over Israel, *inntil hedningenes fylde er kommet inn. Og slik skal hele Israel bli frelst.*» (Min utheving.)

Det greske ordet som er oversatt med «fylde», er *pleroma*, som vanligvis betyr modenhet, slik som i Efeserne 4,11-13.

> «Han ga oss noen til å være sendebud; og noen profeter; og noen evangelister; og noen hyrder og lærere; for å perfeksjonere de hellige, til arbeidet i tjenesten, til å bygge opp Messias' legeme; inntil vi alle oppnår enheten i troen, og kunnskapen om Guds Sønn, *til en fullt voksen mann, til målet på høyden av fylden* [pleroma] *i Messias.*» (HNV, min utheving.)

Det er denne fylden som Gud har tiltenkt sin forsamling. Det er bare når denne fylden, både i antall og i modenhet, er blitt nådd, som Israel vil bli frelst. For det er gjennom den barmhjertigheten som vi har fått fra Gud, som det jødiske folket vil motta barmhjertighet.

> «Dere var jo en gang ulydige mot Gud, men nå har dere fått miskunn, fordi de andre var ulydige. på samme måte har nå de vært ulydige, men ved den miskunn dere har fått, skal også de få miskunn.» (Rom 11,30-31.)

Det er grunnen til at Paulus fortsetter slik i Romerne 12,1-2:

> *«Jeg formaner dere altså, brødre, ved Guds miskunn, at dere fremstiller deres legemer som et levende og hellig*

offer til Guds behag. Dette er deres åndelige gudstjeneste. Og skikk dere ikke lik denne verden, men bli forvandlet ved at deres sinn fornyes, så dere kan dømme om hva som er Guds vilje: det gode, det som han har behag i, det fullkomne.» (Min utheving.)

Vi må fremstille oss selv som levende offer til Gud for å kunne bli mottagere av den miskunn som vil gi den «fylden» som vil føre til Israels frelse og liv fra de døde for hele verden, som det står i Romerne 11,15: «For er verden blitt forlikt med Gud ved deres forkastelse, hva annet vil da deres antakelse bli enn liv av døde?»

Dette er i sannhet en voldsom åpenbaring. Det betyr at vi alle er involvert i det dramaet som nå pågår i Midtøsten. Det påvirker oss alle sammen. Vi som er hedninger, kan enten være stivnakkede og en del av problemet, eller så kan vi overgi oss helt til Gud og bli en del av løsningen. Hvem vil plukke opp denne overveldende byrden i bønn?

Akkurat som Ester, er vi troende de eneste som har adgang til Kongens trone. Vil vi ta vårt ansvar? Hør på hva Mordekai sa til Ester:

«For om du tier stille i denne tid, så vil det nok komme utfrielse og redning for jødene fra et annet sted, men du og din fars hus skal omkomme. Og hvem vet om det ikke er nettopp for en tid som denne at du har fått dronningverdigheten?» (Est 4,14.)

«Ve! Stor er den dagen, det er ingen som den.
En trengselstid er det for Jakob.
Men han skal bli frelst fra den.»
Jeremia 30,7

KAPITTEL 2

ET NYTT HOLOCAUST?

I det første kapitlet så vi hvordan Jakobs hjemkomst etter å ha tjent Laban i tjue år, er et profetisk bilde av at Jakobs etterkommere vender tilbake til sitt eget land i endetiden etter tjue århundrer i Diasporaen. «Og Herren sa til Jakob: Vend tilbake til ditt fedreland og til din slekt, og jeg vil være med deg.» (1 Mos 31,3.)

Jeremia profeterte at dette ikke kommer til å være en tid av fred men av frykt og skrekk.

> «Så sier Herren, Israels Gud: Skriv alle de ord jeg har talt til deg, i en bok! For se, dager kommer, sier Herren, da jeg gjør ende på mitt folks, Israels og Judas fangenskap, sier Herren, og fører dem tilbake til det landet jeg gav deres fedre, så de kan ta det i eie. Og dette er de ord Herren har talt om Israel og Juda: Så sier Herren: Vi hørte et rop av skrekk, det er frykt og ingen fred.» (Jer 30,2-5.)

Akkurat på samme måte som Jakob møtte sin bror som ville drepe ham, da han vendte tilbake på Herrens befaling, vil det jødiske folket stå ansikt til ansikt med en «bror» som vil drepe og ødelegge dem når de vender tilbake til sitt land i vår generasjon. Guds ord har forutsagt fra begynnelsen av at det skulle være slik. Men Gud har også fortalt oss om en lykkelig slutt på konflikten.

Første gang som det israelske Knesset (parlamentet) kom sammen, var midt i en krig. Siden den gang har Israel ikke opplevd en eneste dag med fred. Ingen annen nasjon i historien har vært

27

nødt til å gjennomgå fem store kriger på så kort tid. Teknisk sett har Israel vært i krig helt siden den suverene staten ble gjenopprettet i 1948.

Før vi går videre, må vi hanskes med en del veldig vanlige misforståelser og falsk undervisning om Jakobs trengselstid. Når vi snakker om Jakobs trengsel, snakker vi ikke om Holocaust som fant sted under nazistene før Israel ble en stat i 1948. Vi snakker heller ikke om et nytt Holocaust i framtiden.

Temaet for Jeremia kapittel 30, der Gud snakker om en trengselstid for Jakob, er frelse og ikke ødeleggelse og dom. Det står: «Ve! Stor er den dagen, det er ingen som den. En trengselstid er det for Jakob. *Men han skal bli frelst fra den.*» (Jer 30,7.) Deretter står det følgende i de neste versene:

> «Og det skal skje på den dag, sier Herren, hærskarenes Gud, da vil jeg bryte hans åk og ta det av din nakke. Dine bånd vil jeg rive i stykker, og fremmede skal ikke lenger holde deg i trelldom. Og de skal tjene Herren sin Gud og David sin konge, som jeg vil oppreise for dem. Frykt ikke, du min tjener Jakob, sier Herren. Vær ikke redd, Israel! For se, jeg frelser deg fra det fjerne land og din ætt fra det landet hvor de er i fangenskap. Og Jakob skal vende tilbake og leve i ro og være trygg, ingen skal forferde ham. *For jeg er med deg, sier Herren, og jeg vil frelse deg.* Jeg vil gjøre ende på alle de folk som jeg har spredt deg iblant. Bare deg vil jeg ikke gjøre ende på. Jeg vil tukte deg med måte. Men helt ustraffet vil jeg ikke la deg være.» (Jer 30,8-11, min utheving.)

JAKOB OG HANS FAMILIE BLIR SPART

Akkurat som i Jeremia 30, kan vi også i historien om Jakobs hjemkomst fra Laban i 1. Mosebok 31-33 se at selv om han måtte gjennomgå en meget vanskelig tid med frykt og oppstand, mistet ikke Jakob en eneste av familien sin. Gud møtte Jakob, forvandlet ham og reddet ham fra Esaus farer.

På samme måte må vi også legge sterk vekt på at selv om Israel må gjennomgå en vanskelig tid med frykt og skrekk når de vender tilbake til sitt land, så har ikke Gud ført dem tilbake for å tilintetgjøre dem. Jakobs trengselstid er en frelsens tid for Israel – ikke en dommens tid.

Dette betyr ikke at Israel vil slippe unna helt uskadet. Det har ikke vært tilfelle så langt, og vi kan ikke forvente oss det for framtiden. I Jeremia 30,11 står det: «Jeg vil gjøre ende på alle de folk som jeg har spredt deg iblant. Bare deg vil jeg ikke gjøre ende på. Jeg vil tukte deg med måte. Men helt ustraffet vil jeg ikke la deg være.»

Men dette betyr at Bibelen ikke snakker om et nytt Holocaust når den snakker om Jakobs trengsel. Ja, det kommer til å være en tid med krig, problemer og frykt. Men først av alt vil det være en tid med gjenopprettelse og frelse, ikke dom og ødeleggelse.

Akkurat som Esau kom imot Jakob med fire hundre bevæpnede menn da Jakob vendte tilbake til Løfteslandet, vil nasjonene og deres hærer fra de vire verdenshjørner til slutt komme mot Jerusalem. Dette vil selvfølgelig være en tid med frykt og sorg for det jødiske folket, mer enn noen annen gang i historien, men samtidig en tid for frelse.

Jakob begynte å be og kjempe med Gud da han hørte nyhetene om broren som kom ham i møte:

> «Da ble Jakob meget forferdet … Og Jakob ba: … Jeg ber deg, fri meg fra min brors hånd, fra Esaus hånd! For jeg er redd for ham, at han skal komme og slå i hjel meg og mine, både mor og barn. Du har jo selv sagt: Jeg vil gjøre vel imot deg! Jeg vil la din ætt bli som havets sand som ikke kan telles for mengde. Han ble der den natten … Jakob ble så alene tilbake. Da kom det en mann og kjempet med ham helt til morgenen grydde.» (1 Mos 32,7.9.11-13.24.)

På samme måte vil nådens og bønnens ånd falle over Jerusalem når nasjonene vender seg mot byen. Som et resultat av dette, vil Messias åpenbare seg for sitt eget folk i denne nødens tid, og han vil rykke inn for å redde dem på samme måte som han gjorde med Jakob.

> «For Herren skal dra ut og stride mot disse hedningefolk, som han før har stridd på kampens dag. På den dag skal hans føtter stå på Oljeberget, som ligger midt imot Jerusalem i øst. Og Oljeberget skal revne tvers over mot øst og vest, så det blir en stor dal. Den ene halvdelen av fjellet viker mot nord, og den andre halvdelen mot sør. Og dere skal flykte til dalen mellom mine fjell. For dalen mellom fjellene skal nå like til Asel. Dere skal flykte som dere flyktet for jordskjelvet i Judas konge Ussias dager. Da skal Herren min Gud komme, og alle hellige med deg, min Gud!» (Sak 14,3-5.)

TO TREDJEDELER SKAL DØ?

Det finnes en lære som er blitt ganske populær, og som er basert på Sakarja kapittel 13, som hevder at to tredjedeler av det jødiske folket i Israel vil bli drept i endetiden under Jakobs trengsel. I teksten står det:

> «I hele landet, sier Herren, skal to tredjedeler utryddes og omkomme, bare en tredjedel skal bli spart. Og denne tredjedelen vil jeg la gå gjennom ilden og rense den, som en renser sølv, og prøve den, som en prøver gull. De skal påkalle mitt navn, og jeg vil bønnhøre dem. Jeg vil si: De er mitt folk! – og de skal si: Herren er min Gud!» (Sak 13,8-9.)

For et antall år siden var det en velkjent evangelist i Norge som kritiserte kristne for at de hjalp jøder fra det tidligere Sovjet-unionen å gjøre *alija* og vende tilbake til Israel. Et av argumentene hans var at siden Bibelen sier at to tredjedeler av disse menneskene vil dø i Israel, så er det ingen tjeneste å hjelpe dem med å flytte dit. Det er isteden som å føre dem til slakterhuset.

På samme måte var det en messiansk jødisk kvinne i USA som fortalte meg at hun ikke ville gjøre *alija* og flytte til Israel siden to tredjedeler av det jødiske folket i Israel kommer til å dø der i endetiden. La oss se nærmere på teksten for å se om dette virkelig er sant.

I det forrige verset i Sakarja står det:

«Sverd! Våkn opp mot min hyrde, mot den mann som er min neste! sier Herren, hærskarenes Gud. Slå hyrden, og fårene skal spredes. Og jeg vil igjen ta meg av de små.» (Sak 13,7.)

Vi vet fra Matteus 26,31 at dette verset ble oppfylt for to tusen år siden. Det står: «Da sier Jesus til dem: I denne natt kommer dere alle til å ta anstøt av meg, for det står skrevet: Jeg vil slå hyrden, og hjordens får skal bli spredt.»

I Lukas 21,23-24 snakket Jesus om fremtiden:

«For stor nød skal det være på jorden, og vrede over dette folk. De skal falle for sverds egg og føres som fanger til alle folkeslag. Og Jerusalem skal ligge nedtrådt av hedninger inntil hedninge-folkenes tider er til ende.»

Dette handler om den dommen som kom over landet førti år etter Jeshuas død og oppstandelse. Det står også om da han var på vei til korset:

«En stor mengde av folket fulgte med ham. Blant dem var noen kvinner, som slo seg for brystet og gråt over ham. Men Jesus vendte seg om til dem og sa: Jerusalems døtre! Gråt ikke over meg. Men gråt over dere selv og deres barn. For se, dager kommer da de skal si: Salige er de ufruktbare, de morsliv som ikke har født, og de bryst som ikke har gitt die. Da skal de begynne å si til fjellene: Fall over oss! – og til haugene: Skjul oss! For gjør de slik med det grønne tre, hva skal så skje med det tørre?» (Luk 23,27-31.)

Jeshua sa at hvis romerne behandler det grønne treet – den uskyldige, rettferdige Messias – på en så grusom måte, hva vil de da gjøre med det tørre treet, folket som ikke hadde omvendt seg? Den velkjente historikeren Josefus, som var et øyenvitne, sa at 1,1 millioner jøder ble drept da Titus ødela Templet i år 70. Han skrev: Bakken var på ingen steder synlig på grunn av de døde kroppene som lå på den.»[2] Titus tok også med seg 100 000 jøder som slaver da han reiste derfra.

Sekstifem år senere, som et tragisk resultat av det andre store jødiske opprøret, bestemte romerne under keiser Hadrian seg for å tilintetgjøre Jerusalem. Minst en halv million jøder ble drept. Moderne historikere tror at brorparten av den jødiske befolkningen i Judea enten ble drept, sendt i eksil eller solgt som slaver. Sakarja 13 ble oppfylt.

Den resten som ble spart, har gått gjennom ilden i form av eksil, forfølgelse, slakt, deportasjoner og urettferdighet i nesten to tusen år. Til slutt døde en tredjedel av de overlevende jødene under Hitlers Holocaust. I dag finnes det nesten 15 millioner jøder. Eksperter sier at under normale forutsetninger burde det ha eksistert minst 200 millioner jøder i dag. De har i sannhet mottatt dobbelt for alle sine synder, som Jesaja 40,1-2 sier.

«Trøst, trøst mitt folk! sier deres Gud. Tal vennlig til Jerusalem og rop til henne at hennes strid er endt, at hennes skyld er betalt, at hun av Herrens hånd har fått dobbelt for alle sine synder.»

Vi kan trygt konkludere med at en trengselstid for Jakob ikke handler om et nytt jødisk Holocaust som finner sted i Israel i endetiden. Det jødiske folkets hjemkomst til Israels land i endetiden, og Jakobs trengselstid, vil være en tid med sterk frykt og skrekk. Men det er først og fremst en tid av frelse, forvandling og gjenopprettelse – ikke dom.

Gud sa til Jakob: «Vend tilbake til ditt fedreland og til din slekt, og jeg vil være med deg.» (1 Mos 31,3.) Da Esau kom imot ham med fire hundre mann, minnet Jakob Gud om dette: «Herre, du som sa til meg: Vend tilbake til ditt land og din slekt, og jeg vil gjøre vel imot deg! ... Du har jo selv sagt: Jeg vil gjøre vel imot deg! Jeg vil la din ætt bli som havets sand som ikke kan telles for mengde.» (1 Mos 32,9.12.)

Israel vil trolig være den sikreste plassen for jødene i endetiden, når antisemittisme vil drive nasjonene til et angrep mot Jerusalem. Løftene tilhører Israel. Gud vil gjenopprette sitt folk i sin

2 Josefus, *Den jødiske krigen* 6.5.1.

barmhjertighet. «Og Jerusalem skal ligge nedtrådt av hedninger inntil hedningefolkenes tider er til ende.» (Luk 21,24.)

> «Men du, Herre, du troner til evig tid, ditt minne varer fra slekt til slekt. Du vil reise deg, du vil forbarme deg over Sion, for tiden er kommet til å være nådig, den fastsatte tid er kommet. For dine tjenere elsker steinene på Sion, og de har medynk med dets støv. Hedningefolkene skal frykte Herrens navn, alle jordens konger din herlighet. For Herren skal bygge Sion opp igjen, han skal åpenbare seg i sin herlighet. Han skal vende seg til de hjelpeløses bønn, han vil ikke forakte deres bønn.» (Sal 102,13-18.)

For noen få år siden prøvde jeg å trøste en jødisk familie som hadde levd under et konstant bombardement av raketter fra islamske terrorister. Jeg sa: «Ikke vær redde! Det vil ende godt. Gud vil hjelpe Israel.» Kvinnen i huset svarte ganske kynisk: «Ja, når halvparten av oss er blitt drept. Hva slags trøst er det?»

Det er på tide å få slutt på denne falske undervisningen om at to tredjedeler av det jødiske folket vil bli drept i Israel i endetiden. Vi må be for det jødiske folkets hjemkomst til Israel slik at de kan ønske sin Messias velkommen.

«Jakob ble så alene tilbake. Da kom det en mann og kjempet med ham helt til morgenen grydde. Da mannen så at han ikke kunne overvinne ham, rørte han ved hans hofteskål, og Jakobs hofteskål gikk av ledd mens han kjempet med ham ... Og solen rant nettopp som han var kommet forbi Pnuel, men han haltet på sin hofte.»
1. Mosebok 32,24-25.31

«Vi må gå inn i Guds rike gjennom mange trengsler.»
Apostlenes gjerninger 14,22

KAPITTEL 3

MØTET

D et er alltid mørkest rett før soloppgangen. Slik vil det også være for det jødiske folket. Skrekken i Jakobs trengsel vil være det mørkeste øyeblikket i historien. Men natten vil gå over til en herlig ny dag.

«Ve! Stor er den dagen, det er ingen som den. En trengselstid er det for Jakob. Men han skal bli frelst fra den.» (Jer 30,7.)

Det var da Jakob kjempet med Gud ved Pnuel om natten, at han ble forvandlet til Israel, «fyrste med Gud», og fullbyrdet det han var bestemt til å gjøre med livet sitt. Slik vil det igjen bli med etterkommerne hans.

Sola gikk opp over Jakob da han forlot Pnuel. Etter Jakobs trengselstid vil rettferdighetens sol gå opp med helbredelse i sine vinger. Og ikke bare over det jødiske folket, men over hele jorda som er revet opp av syndens ødeleggelser. Hvilken herlig ny dag!

Kong David profeterte om Messias' ankomst for å styre nasjonene i rettferdighet fra sin trone:

«Dette er Davids siste ord: Så sier David, Isais sønn, så sier mannen som høyt var satt, Jakobs Guds salvede og Israels liflige sanger: Herrens Ånd taler gjennom meg, og hans ord er på min tunge. Israels Gud har talt, til meg har Israels klippe sagt: *Det skal være en hersker over menneskene, en rettferdig, en hersker i gudsfrykt. Han skal være lik morgenens lys når solen går opp, en morgen uten skyer, når gresset spirer fram av jorden ved solskinn og ved regn. For har ikke mitt hus det slik med Gud? En evig pakt har han jo gjort med meg, ordnet i alle deler* og trygget, all min frelse og alt godt – skulle han ikke la det gro fram?» (2 Sam 23,1-5, min utheving.)

Apostelen Paulus snakker om Israel når han sier: «For er verden blitt forlikt med Gud ved deres forkastelse, hva annet vil da deres antakelse bli enn liv av døde?» (Rom 11,15.)

Da de jødiske lederne forkastet Jeshua, forlikte Gud hele verden med seg selv ved hans død på korset. På samme måte vil Israels antakelse av Messias bokstavelig talt bli liv fra de døde for hele verden. Det er ut fra Jakobs trengsel som Guds rike vil bli født på jorda.

Dette er det jødiske folkets kall og skjebne, og det er grunnen til at vi må be for dem. Vår Mester lærte oss å be: «Komme ditt rike!» Det jødiske folket har nøkkelen for å bringe Guds rike til jorda ved at Jeshua vender tilbake til Jerusalem som deres konge og Messias.

Utenfor FNs hovedkvarter i New York finnes det en plakett med et sitat av deler av Jesaja 2,4: «De skal smi sine sverd om til hakker og sine spyd til vingårdskniver. Et folk skal ikke lenger løfte sverd mot et annet, og de skal ikke lenger lære å føre krig.»

Men disse ordene vil bare bli fullbyrdet slik det er skrevet i Skriften. De foregående versene forklarer hvordan det vil skje:

«Det ord som Jesaja, sønn av Amos, mottok i et syn *om Juda og Jerusalem.* Det skal skje i de siste dager, da skal *fjellet der Herrens hus står,* være grunnfestet på toppen av fjellene og høyt hevet over alle høyder. Og alle hedningefolk skal strømme til det. Mange folkeslag skal gå av sted og si: Kom, la oss gå opp til Herrens berg, til Jakobs Guds hus, så han kan lære oss sine veier, og vi vandre på hans stier! For *fra Sion* skal lov utgå, og Herrens ord *fra Jerusalem.* Han [Messias] skal dømme mellom hedningefolkene og skifte rett for mange folkeslag. De skal smi sine sverd om til hakker og sine spyd til vingårdskniver. Et folk skal ikke lenger løfte sverd mot et annet, og de skal ikke lenger lære å føre krig.» (Jes 2,1-4, min utheving.)

Det er bare Messias som vil klare å gi oss varig fred. Den lenge etterlengtede sabbatshvilen for nasjonene vil ikke komme fra New York, men fra Jerusalem når Messias kommer.

Jerusalem er atter en gang verdens midtpunkt i vår tid. På hebraisk kaller Gud Jerusalem for verdens «navle» i Esekiel 38,12. Tempelberget holder på å bli den mest omtvistede og splittende eiendommen på hele planeten, for det er den plassen som Jeshua vil komme tilbake til.

Angående Israels frelse, har vi hedningetroende fått en advarsel fra Paulus: «Jeg vil ikke at dere skal være uvitende om dette mysterium, brødre, slik at dere ikke vil være bedratt.» (Rom 11,25, NIV.)

Ifølge Westers ordbok betyr ordet «bedratt», eller «conceited» på engelsk: «å ha en altfor høy mening om seg selv; for stor stolthet over seg selv eller sine krefter, evner, etc.; overvurdering av egen forfengelighet; fantasifulle tanker.» Uheldigvis er dette en ganske nøyaktig beskrivelse av menighetens holdning opp gjennom århundrene overfor Israel, på tross av Paulus' klare advarsel.

Inntil denne dag finnes det en god del innbilsk undervisning i menigheten angående Guds rike, og denne undervisningen ignorerer Guds unike kall til det jødiske folket.

Gud angrer ikke sin gave og sitt kall over Israel på tross av deres feiltrinn (Rom 11,28). Det folket som fornektet Jeshua og overleverte ham til å bli korsfestet, vil være det samme folket som vil ønske ham velkommen tilbake (Sak 12,10). Dette er den definitive kjærlighetshistorien som vil gjøre slutt på Satans rike. Det er ikke rart at han kjemper mot det på alle måter.

BE OM FRED FOR JERUSALEM

Alle som følger Messias har et kall til å be for minst to byer. For det første trenger vi å be for vår egen by der vi bor, og vår egen nasjon er inkludert i dette. I Jeremia 29,7 står det:

«Søk den byens velferd som jeg har bortført dere til, [vi er alle fremmede og pilegrimer i verden] og be for den til Herren! For når det går den vel, så går det dere vel.»

I tillegg til å be for vår egen by, står det også klart og tydelig i Guds ord at vi skal be for Jerusalem: «Be om fred for Jerusalem! La det gå dem vel som elsker deg.!» (Sal 122,6.)

Jerusalem er Herrens egen by. Den er unik og annerledes enn alle andre byer. Jeshua kaller selv byen for «den store konges stad» (Matt 5,35). Vi kan regne med det faktum at hvis vi gjør det til vår personlige oppgave å bry oss om Herrens by, vil Gud gjøre det til sin oppgave å ta hånd om vår by.

Kallet om å be for Jerusalem er så viktig at Bibelen sier at vi skal be dag og natt uten å slutte.

«På dine murer, Jerusalem, setter jeg vektere. Aldri skal de tie, ikke hele dagen og ikke hele natten. Dere som minner Herren, unn dere ingen ro! Og gi ham ikke ro før han bygger Jerusalem opp igjen, og før han gjør det til en lovsang på jorden!» (Jes 62,6-7.)

Siden Guds rike vil bli en virkelighet på jorda ut fra Jerusalem, er det ikke rart at kampen om denne byen er så kraftig at Guds folk over hele verden i fellesskap må be for den dag og natt.

Vi må forstå at selv om Gud har erklært hva hans vilje er for Jerusalem, vil det aldri skje uten at vi samarbeider med ham i bønn. Guds rike vil bli en virkelighet på jorda som et svar på hans utvalgte som ber og roper ut dag og natt: «La ditt rike komme!»

Hele Bibelen slutter med denne bønnen: «Kom, Herre Jesus!» (Åp 22,20.) Nøkkelen til svaret på denne bønnen er det jødiske folkets frelse. De er kalt til å ønske Messias velkommen tilbake. «Jerusalem, Jerusalem! ... Fra nå av skal dere ikke se meg før *dere* sier: Velsignet være han som kommer i Herrens navn!» (Matt 23,37.39, min utheving.)

KAMPER I BØNN

Paulus skriver: «Brødre, mitt hjertes ønske og min bønn til Gud for dem er at de må bli frelst. For det vitnesbyrd gir jeg dem at de har nidkjærhet for Gud, men uten den rette forstand. Da de ikke kjente

Guds rettferdighet, men søkte å grunnlegge sin egen rettferdighet, gav de seg ikke inn under Guds rettferdighet.» (Rom 10,1-3.)

Jeshua forklarte følgende for Nikodemus, en av de fremste fariseerne og lærerne i Israel:

> «Sannelig, sannelig sier jeg deg: Uten at en blir født på ny, kan han ikke se Guds rike. Nikodemus sier til ham: Hvordan kan et menneske bli født når han er gammel? Kan han vel annen gang komme inn i sin mors liv og bli født? Jesus svarte: Sannelig, sannelig sier jeg deg: Uten at en blir født av vann og Ånd, kan han ikke komme inn i Guds rike. Det som er født av kjødet, er kjød, og det som er født av Ånden, er ånd.» (Joh 3,3-6.)

Uansett om en person er jøde eller hedning, er kjød fortsatt kjød, og kjød og blod kan ikke arve Guds rike (1 Kor 15,50). Nikodemus forsto ikke hva Jeshua mente da han snakket om behovet for å bli født på nytt. Inntil denne dag er denne sannheten fortsatt skjult for de fleste jøder. Når mannen som kjempet med Jakob til slutt velsignet ham, ble Jakob forvandlet og ble Israel. Han ble født på nytt ovenfra. Det vil være på samme måte for hans etterkommere under tiden for Jakobs trengsel.

Det er dette som det handler om å kjempe i bønn for det jødiske folket.

EN NØDVENDIG FORVANDLING

La oss ta et nærmere blikk på teksten som beskriver Jakobs forvandlende møte med Gud:

> «Jakob ble så alene tilbake. Da kom det en mann og kjempet med ham helt til morgenen grydde. Da mannen så at han ikke kunne overvinne ham, rørte han ved hans hofteskål, og Jakobs hofteskål gikk av ledd mens han kjempet med ham. Og han sa: Slipp meg, for morgenen

gryr! Men Jakob sa: Jeg slipper deg ikke uten at du velsigner meg.

Da sa han til ham: Hva er ditt navn? Han svarte: Jakob. Han sa: Du skal ikke lenger hete Jakob, for du har kjempet med Gud og med mennesker og vunnet. Da sa Jakob: Jeg ber deg, si meg ditt navn! Men han svarte: Hvorfor spør du om mitt navn? Og han velsignet ham der.

Jakob kalte stedet Pniel, for, sa han, jeg har sett Gud åsyn til åsyn, og enda berget livet. og solen rant nettopp som han var kommet forbi Pnuel, men han haltet på sin hofte.» (1 Mos 32,24-31.)

Mannen som kjempet med Jakob, stilte et viktig spørsmål: «Hva er ditt navn?» Et navn i Bibelen beskriver en persons natur eller karakter. Jakob betyr: «En som tar hælen.»

Jakob skulle ta Esaus plass som den førstefødte, som vi ser i 1 Mosebok 25,22-23:

«Men barna støtte mot hverandre i hennes liv. Da sa hun: Er det slik med meg, hva skal så det bety? Og hun gikk for å spørre Herren. Og Herren sa til henne: I ditt liv er det to folk, og fra ditt skjød skal to folkeslag skille seg at. Det ene folk skal være sterkere enn det andre, og *den eldste skal tjene den yngre.*» (Min utheving.)

Paulus skrev også i Romerne 9,11-13:

«Og da de ennå ikke var født, og ennå ikke gjort verken godt eller ondt – for at Guds råd etter hans utvelgelse skulle stå fast, ikke på grunn av gjerninger, men ved ham som kaller – da det ble sagt til henne: Den eldste skal tjene den yngste. Som skrevet står: Jakob elsket jeg, men Esau hatet jeg.»

Jakob hadde en hunger etter Gud. I det første kapitlet nevnte vi at «Jakob var en stillferdig mann som holdt seg ved teltene» (1 Mos 25,27). Han var en mann som tørstet etter Gud og hans ord. I Salme 24,6 står det: «Dette er Jakob, *slekten av dem som søker ham,* som søker ditt ansikt.» (BGO, min utheving.) Gud elsket Jakob.

Et problem var imidlertid at Jakob hadde tatt Esaus velsignelse med bedrag. Etter at Isak hadde velsignet Jakob, sa han til Esau:

> «Din bror kom med list og tok din velsignelse. Da sa han: Er det ikke med rette at han har fått navnet Jakob? Nå har han to ganger overlistet meg. Min førstefødselsrett tok han, og se, nå har han tatt min velsignelse.» (1 Mos 17,35-36.)

Det å bedra faren Isak, var opprinnelig morens ide, ikke Jakobs ide. Men Jakob hadde gått med på planen. Senere høstet han det han hadde sådd. Laban bedro først Jakob ved å gi ham Lea som kone istedenfor Rakel. Etter at Jakob hadde tjent under Laban i tjue år, sa han til konene sine: «Og dere vet selv at av all min makt har jeg tjent deres far. Likevel har deres far bedratt meg og forandret min lønn ti ganger.» (1 Mos 31,6-7.)

JAKOB BLIR FØDT PÅ NYTT

Jakob var Isaks sønn med løftet og velsignelser på livet sitt. Men før Jakob, «hæl-griperen», som til og med hadde brukt bedrag for å ta brorens velsignelse, kunne arve løftet, måtte han få tilgivelse og bli forvandlet til han ble Israel, «fyrste med Gud». Navnet hans måtte endres. Han måtte få en ny natur og bli forvandlet av Gud selv. Dette er den viktigste profetiske leksjonen fra historien om da Jakob kjempet med Gud ved Pniel. «Uten at en blir født på ny, kan han ikke se Guds rike.» (Joh 3,3.)

Forandringer kommer aldri lett, spesielt ikke forandringer som bokstavelig talt vil forvandle hele jorda og fylle den med kunnskapen om Herrens herlighet slik som vannene dekker havet

(Hab 2,14). «En trengselstid er det for Jakob. Men han skal bli frelst fra den.» (Jer 30,7.)

Før Gud kan frelse oss, må vi først innse at ikke bare har vi syndet, men vi er syndere og trenger frelse. Gud må tilintetgjøre våre forsøk på å etablere vår egen rettferdighet og bli frelst i vår egen styrke. «Da mannen så at han ikke kunne overvinne ham, rørte han ved hans hofteskål, og Jakobs hofteskål gikk av ledd mens han kjempet med ham.» (1 Mos 32,25.)

Jakobs egen styrke var borte. Nå kunne han bare sette sin lit til Guds nåde. Det er dette som ga en forvandling. Paulus skrev i Romerne 11,32: «For Gud har innesluttet dem alle under ulydigheten, for at han kunne vise miskunn mot dem alle.» Det er bare ved Guds nåde og barmhjertighet, når vi stoler på Jeshua, som vi kan oppnå evig liv. Paulus skrev i Galaterne 2,15-16:

«Vi er av fødsel jøder, og ikke syndere av hedensk ætt. Men da vi innså at et menneske ikke blir rettferdiggjort av lovgjerninger men ved tro på Kristus Jesus, da trodde også vi på Kristus Jesus, for å bli rettferdiggjort ved tro på Kristus og ikke av lovgjerninger. For ikke noe menneske blir rettferdiggjort av lovgjerninger.»

Da den mannen som kjempet med Jakob til slutt hadde brutt Jakobs naturlige styrke, sa mannen: «Slipp meg, for morgenen gryr!» Da kom det fantastiske øyeblikket som gjorde at Jakob ble forvandlet. Svekket av det slaget han hadde mottatt, ropte han allikevel ut: «Jeg slipper deg ikke uten at du velsigner meg.» Jakob, som hadde grepet tak i brorens hæl allerede i magen, ville ikke slippe denne mannen før han hadde velsignet ham. «Han sa: Du skal ikke lenger hete Jakob, men Israel, for du har kjempet med Gud og med mennesker og vunnet.»

Leonard Ravenhill skrev i sin klassiker, *Why Revival Tarries* (Hvorfor vekkelse drøyer): «Selv om det virkelig er vidunderlig når Gud får tak i et menneske, kjenner ikke jorda noe større under – når et menneske får tak i Gud.» Det er det som Jakob gjorde, og hans erfaring ved Pniel er et profetisk bilde av det som etterkommerne hans er forutbestemt til å gjøre i den siste tiden under den største krisen.

På den mørkeste tiden om natten, visste ikke Jakob hvem mannen var som han kjempet med. Han visste bare at han ville ha velsignelse. På en eller annen måte må Jakob ha følt at den mystiske mannen hadde nøkkelen til framtiden hans og hadde det som Jakob hadde lett etter hele livet.

Jakob spurte: «Jeg ber deg, si meg ditt navn!» Det jødiske folket vet ennå ikke hvem det er som har fått navnet som er over alle andre navn. Men en dag vil de si til ham: «Velsignet være han som kommer i navnet YHWH!» Mannen svarte: «Hvorfor spør du om mitt navn? Og han velsignet ham der.»

Etter at den fremmede hadde velsignet ham, forsto Jakob hvem han var. Han visste at Gud hadde forvandlet livet hans. Den mannen som hadde rørt ved hoften hans og knust styrken hans, var ingen andre enn Gud. «Jakob kalte stedet Pniel, for, sa han, jeg har sett Gud åsyn til åsyn, og enda berget livet.» (1 Mos 32.30.)

Det kommer en dag når det jødiske folket vil se Gud i snekkeren fra Nasaret, han som de har kjempet med så lenge. «Men over Davids hus og over Jerusalems innbyggere vil jeg [YHWH] utgyte nådens og bønnens Ånd, og de skal skue opp til meg som de har gjennomstunget.» (Sak 12,10.)

Det står skrevet: «For Torahen ble gitt gjennom Moses. Nåde og sannhet ble realisert gjennom Jeshua Messias.» (Joh 1,17 HNV) En radikal, livsforvandlende bevegelse av nåde og sannhet, som vil forandre verden, venter på Israels nasjon i møtet med den oppstandne Jeshua fra Nasaret.

ISRAELS FRELSE

Profeten Jesaja beskriver hvordan Herren skal frelse Jerusalem når han vender tilbake.

«For så sa Herren til meg: Likesom en løve, en ung løve, knurrer over sitt bytte, om så en hel flokk gjetere kalles sammen mot den, og ikke blir skremt av deres skrik og ikke blir redd for den støy de gjør, slik skal Herren, hærskarenes Gud, fare ned for å stride på Sions berg og på Jerusalems høyde. Som fuglene brer ut sine vinger, slik skal Herren, hærskarenes Gud, verne Jerusalem – verne og frelse, gå forbi og redde.» (Jes 31,4-5.)

Hele verden vil marsjere mot Jerusalem for å ødelegge Israel, men Jeshua vil gripe inn og redde sitt folk. Neste vers avslører nøkkelen til denne frelsen: «Vend om til ham som dere er falt fra så dypt, dere Israels barn!» (Jes 31,6.)

I århundrer har det ikke vært uvanlig at religiøse jøder vender seg om og spytter på bakken når de hører noen som nevner navnet Jesus. De siste årene har denne holdningen begynt å endres. Men inntil denne dag er Jeshua/Jesus fortsatt kjent blant de fleste jødene under det nedsettende hebraiske slanguttrykket «Jesju» (en forkortelse som betyr «må hans navn og minne bli hvisket ut»).

Det er ikke rart at det vil være gråt og klage i landet når det jødiske folket til slutt vil anerkjenne sin Messias. I Sakarja 12,10-13,1 står det:

«De skal skue opp til meg som de har gjennomstunget. Og de skal sørge over ham som en sørger over sin enbårne sønn, og klage sårt over ham slik som en klager over sin førstefødte. På den dag skal sorgen bli stor i Jerusalem, som sorgen over ulykken i Hadadrimmon i Meggiddons dal. Og landet skal sørge, hver slekt for seg … På den dag skal det være en åpnet kilde for Davids hus og for Jerusalems innbyggere mot synd og urenhet.»

Messias' fylde blant dem som følger ham, vil provosere det jødiske folket til sjalusi og åpenbare Messias for dem. «Forherdelse er for en del kommet over Israel, inntil hedningenes fylde er kommet inn. *Og slik* skal hele Israel bli frelst.» (Rom 11,25-26, min utheving.) Som jeg nevnte i et tidligere kapittel, er det greske ordet som er oversatt med fylde i dette verset, *pleroma*, som primært betegner modenhet.

Alle de som tror på Jeshua Messias er bestemt til å bli bygd opp i ham «inntil vi alle når fram til enhet i tro på Guds Sønn og i kjennskap til ham, til manns modenhet, til aldersmålet for *Kristi fylde* [gr. *pleroma*].» (Ef 4,13, min utheving.) Den dype sannheten om denne framtiden og hensikten med den, var grunnen til at Jeshua ba inderlig til Faderen: «Jeg i dem og du i meg, for at de skal være fullkomment til ett, for at verden kan kjenne at du har utsendt meg.» (Joh 17,23.)

EN DRAMATISK FORSONING

Etter at Gud hadde forvandlet Jakob, var han ikke lenger redd for å møte sin bror Esau. Jakob ble satt i frihet, og all skyld var borte. Han hadde sett Gud ansikt til ansikt, og allikevel var livet hans blitt spart. Gud hadde blottlagt ham helt og holdent med sin sannhet samtidig som han dekket over ham med sin nåde.

All frykt var borte. Jakob ble satt fri fra selvoppholdelse og egosentrisitet. Han ble satt fri for å elske og tjene andre – forvandlet til en helt ny person.

> «Da Jakob så opp, fikk han øye på Esau som kom, og fire hundre mann med ham. Jakob fordelte så barna mellom Lea og Rakel og de to trellkvinnene. Han stilte trellkvinnene med sine barn fremst, bakenfor dem Lea og hennes barn, og Rakel med Josef bakerst. Selv gikk han fram foran dem og bøyde seg sju ganger til jorden, inntil han kom fram til sin bror. Men Esau løp ham i møte og omfavnet ham, han falt ham om halsen og kysset ham, og de gråt.» (1 Mos 33,1-4.)

Jakob bøyde seg mot bakken sju ganger foran broren sin. Hvilken ydmykhet! Esau, som en gang hadde sverget på å drepe ham, løp for å møte Jakob, kastet armene rundt halsen hans og kysset ham. Så gråt de begge to i hverandres armer.

Akkurat som Jakob og Esau ble forsont, vil den eldgamle konflikten mellom jøder og arabere i Midtøsten slutte med en hengiven og helhjertet omfavnelse og godkjennelse av hverandre. Dette er den freden som Gud vil komme med etter at det jødiske folket har møtt Gud gjennom Jeshua fra Nasaret.

Hvilken herlig dag det vil bli! Hvilken forskjell sammenlignet med den freden som mennesker forsøker å skape i landet i dag, som skiller jøder og arabere bak murer av betong og piggtråd. Vi trenger å be om Guds fredsplan for Jerusalem og Midtøsten.

FRA LIDELSE TIL HERLIGHET

En vis mann sa en gang: «Han vil aldri bli akseptert som aldri er blitt fullstendig forkastet.» Akkurat som Jeshua ble forkastet, har Israel gått på sin Via Dolorosa i nesten to tusen år. De druene som blir benyttet til den fineste vin, må først knuses under menneskers føtter. Antisemittisme, som er det mest seiglivede hatet i menneskets historie, er faktisk en forberedelse for en tid med verdensvid herlighet som en dag vil komme over det jødiske folket.

Gamle Simeon profeterte om Jeshua: «Mine øyne har sett din frelse, som du har beredt for alle folks åsyn, et lys til åpenbaring for hedningene, og en herlighet for ditt folk Israel ... Se, denne er satt til fall *og oppreisning* for mange i Israel.» (Luk 2,30-32.34, min utheving.)

Den tiden da Jeshua skal være et åpenbaringens lys for hedningene, vil kulminere ved tiden for Israels herlighet. Så sikkert som at den første delen er blitt oppfylt for hedningene, kan vi være sikre på at den andre delen også vil bli fullbyrdet for Israels folk.

Etter at Gud har gjenopprettet Israel til seg selv, sier Skriften: «Og Israels hus skal kjenne at jeg er Herren deres Gud, fra den dagen og i framtiden. Folkene skal skjønne at det var for sin misgjernings skyld Israels hus ble bortført. Det var fordi de hadde vært troløse mot meg.» (Esek 39,22-23.)

Forandringen blant det jødiske folket vil være så dramatisk at alle vil bli forbløffet over forvandlingen. «Da sa de blant hedningene: Store ting har Herren gjort mot disse! Store ting har Herren gjort mot oss, vi ble glade.» (Sal 126,2-3.) Hele verden vil si: «Kom, la oss gå opp til Herrens berg, til Jakobs Guds hus, så han kan lære oss sine veier, og vi vandre på hans stier.» (Jes 2,3.)

Alle folk vil ønske å lære fra Israel og deres Messias om hvordan man lever og tjener Gud. Nasjoner vil tilby dem sin tjeneste slik at Israel kan bli en «nasjon av prester».

«Fremmede skal stå og vokte hjordene for dere, og utlendinger skal være deres åkerdyrkere og vingårdsmenn. Men dere, dere skal kalles Herrens prester, vår Guds tjenere skal de kalle dere. Folkenes gods skal dere ete, og deres herlighet skal gå over til dere.» (Jes 61,5-6.)

Dette er så mye som alle vil høre hva Israels folk har å si etter at de som en nasjon har møtt Gud og blitt forvandlet av ham.

Hvert år skal alle nasjoner på jorda komme opp til Jerusalem for å feire løvhyttefesten og tilbe kongenes Konge (Sak 14,16). Jerusalem vil være hele verdens hovedstad.

«På den tid skal de kalle Jerusalem Herrens trone. Og alle folkene skal samle seg der, til Herrens navn i Jerusalem. De skal ikke mer følge sitt onde, hårde hjerte.» (Jer 3,17.)

Det hatet og forkastelsen som kalles for antisemittisme, den styggeste og seigeste rasismen i verden, vil bli forandret til godkjennelse og ære for det jødiske folket. Gud har lovt det, og han vil også gjøre det.

«Himmel og jord skal forgå, men mine ord skal aldri noensinne forgå.» (Matt 24,35.)

«Gud er ikke et menneske, så han skulle lyve, eller en menneskesønn, så han skulle angre. Har han talt, uten å gjøre det? Eller har han talt, uten å sette det i verk? For ingen besvergelse nytter mot Jakob, ingen spådom vinner fram mot Israel. Nå må det bare sies om Jakob og om Israel: Se hva Gud har gjort!» (4 Mos 23,19.23, BGO.)

Ære være Gud!

«Når dere da ser ødeleggelsens styggedom, som profeten Daniel har talt om, stå på det hellige sted – forstå det, enhver som leser! – da må de som er i Judea, flykte opp i fjellene ... Men be om at dere slipper å flykte om vinteren eller på sabbaten. For da skal det bli en trengsel så stor som det ikke har vært fra verdens begynnelse til nå, og heller ikke mer skal bli!»
– Matteus 24,15-16.20-21

«Det forfører dem som bor på jorden, på grunn av de tegn som ble gitt det å gjøre for dyrets øyne. Og det sier til dem som bor på jorden, at de skal gjøre et bilde av det dyr som fikk sverdhogget og ble levende igjen. Og det fikk makt til å gi dyrets bilde livsånde, så at dyrets bilde til og med kunne tale, og gjøre så at alle de som ikke ville tilbe dyrets bilde, skulle drepes.»
–Åpenbaringen 13,14-15

KAPITTEL 4

DEN STORE TRENGSELEN

Vi har nevnt at når det jødiske folket vender tilbake til sitt eget land i de siste dager, vil de gjennomgå en tid med mye skrekk og nød inntil tiden for deres frelse.

«Ve! Stor er den dagen, det er ingen som den. En trengselstid er det for Jakob. Men han skal bli frelst fra den.» (Jer 30,7.)

Jakobs hjemkomst til landet og kampen om natten ved Pniel da navnet hans ble endret til Israel, er profetiske bilder av denne vanskelige tiden. I dette kapitlet vil jeg sammenligne tiden for Jakobs trengsel med «den store trengselen» og anti-messias (antikrist). Dette vil være Satans siste og endelige forsøk på å abortere Guds frelsesplan for det jødiske folket og Jeshua Messias sin gjenkomst.

Det første spørsmålet som vi må løse, er om de som tror på Jeshua, fortsatt skal være på jorda i denne perioden.

Jeshuas grundigste undervisning om sin gjenkomst kalles for talen på Oljeberget, og den finner vi i Matteus 24, Markus 13 og Lukas 21. Denne talen av Jeshua mot slutten av tjenesten hans, ble levert som svar på et spørsmål fra disiplene om gjenkomsten og slutten på denne tidsalderen.

«Da han satt på Oljeberget, og disiplene var alene med ham, kom de til ham og spurte: Si oss, når skal dette skje? Og hva skal være tegnet på ditt komme og på tidsalderens ende?» (Matt 24,3.)

Noen bibelforskere kaller Matteus 24, som er den lengste av de tre versjonene, for «ryggraden i bibelske profetier», for her finner vi et generelt mønster eller utkast til all undervisning om endetiden i Skriften. Hvis du søker forståelse fra Gud om dette ofte forvirrende spørsmålet, er det tilrådelig at du begynner med å studere dette kapitlet nøye og så sammenligner andre deler av Skriften med denne «ryggraden».

Det er viktig at vi først av alt legger merke til at Jeshua snakker om sine disipler gjennom hele kapitlet. I det parallelle avsnittet i Markus 13 står det faktisk at de disiplene som kom til ham og stilte spørsmålet, var de nærmeste disiplene, Peter, Jakob, Johannes og Andreas. Hele kapitlet handler om det som vil skje med dem som er hans etterfølgere.

Legg merke til at den populære undervisningen om en hemmelig bortrykkelse flere år før Jeshuas fysiske gjenkomst, ikke finnes noe sted i dette kapitlet, i Markus 13 eller i Lukas 21. Med all respekt for de kjære brødrene og søstrene i Herren som har dette synet, er det umulig å finne denne undervisningen nevnt helt klart noe sted i Bibelen.

Den kompliserte konstruksjonen og tolkningen av Skriften som omgir denne undervisningen om bortrykkelsen, begynte faktisk med den katolske jesuittpresten Francisco Ribera (1537-1591) i Spania for å kunne knuse reformasjonen og forsvare paven mot anklager om at han var antikrist. Men det var primært en «profetisk ytring» i 1828 av Margaret MacDonald, ei ung jente fra England, som gjorde denne undervisningen populær. Hennes såkalte profetiske budskap var i bunn og grunn: «Før antikrist kommer til syne og mørket kommer over jorda, vil jeg i hemmelighet rykke bort mine spesielt utvalgte fra denne verden og hjem til meg.»

Paulus gir oss en spesifikk advarsel om å være forsiktige med profetier som handler om tiden for bortrykkelsen eller Messias' gjenkomst.

> «Vi ber dere, brødre, når det gjelder vår Herre Jesu Kristi komme og vår samling hos ham: *La dere ikke så snart drive fra vett og sans!* La dere ikke skremme, verken ved noen ånd eller ved noe ord eller ved noe brev som sies å komme fra oss, og som går ut på at Herrens dag alt er her. La ingen bedra dere på noe vis! *For først må frafallet komme, og syndens menneske bli åpenbart*, fortapelsens sønn. Han er den som står imot og som opphøyer seg over alt som blir kalt gud eller helligdom, så han setter seg i

Guds tempel og utgir seg selv for å være Gud.» (2 Tess 2,1-4, min utheving.)

Det er veldig åpenbart fra Paulus' undervisning at vi ikke vil bli forsamlet for å være med Herren inntil anti-messias, lovløshetens menneske, først har kommet. Hvordan dette skriftstedet kan tolkes til å bety det motsatte, som det blir i mange sammenhenger, er veldig merkelig.

TRENGSEL ELLER VREDE

Læren om en hemmelig bortrykkelse før den store trengselen kan faktisk kalles for et vestlig, komfortabelt, velstands-evangelium. Det er grunnlagt på tanken om at Guds perfekte vilje for sitt folk er et liv med sorgløshet og velsignelser istedenfor prøvelser og lidelse.

Før kommunistene overtok makten i Kina, var det mange vestlige misjonærer som fortalte de kristne troende: «Ikke vær bekymret! Før kommunistene tar over makten, vil Jesus rykke oss alle bort fra denne verden.» De eneste som forsvant, var misjonærene som ble tvunget til å flykte fra Kina, og de troende var overhodet ikke rede for den forfølgelsen som kom.

Det er veldig tiltalende for kjødet å tenke at Gud vil spare alle sine favoritter de vanskelighetene som kommer med den store trengselen og anti-messias, lovløshetens mann. Men er det bibelsk?

Jeg har aldri møtt noen som har studert dette emnet grundig i Bibelen på egen hånd, og som kom fram til denne konklusjonen. Ingen av de åndelige lederne gjennom kirkehistorien før 1828 har undervist om en hemmelig bortrykkelse før den store trengselen – verken kirkefedrene eller Martin Luther, John Calvin, John Wesley, George Whitfield, Jonathan Edwards, Charles Spurgeon eller A. B. Simpson – bare for å nevne noen få. Faktum er at George Muller reagerte sterkt mot denne undervisningen da hans samtidige J. N. Darby begynte å forfekte dette i England på 1800-tallet.

Noen kristne prøver å forsvare denne doktrinen ved å sitere 1. Tessalonikerne 5,9: «For Gud bestemte oss ikke til vrede, men til å vinne frelse ved vår Herre Jesus Kristus.»

Problemet er at folk blander sammen Guds vrede med tiden for den store trengselen. Når Jeshua vender tilbake, vil Guds vrede bli utøst *over de onde* i en rask dom. *Guds folk vil ikke utstå denne vreden.* Men det er ingen plasser i Bibelen som sier at vi noensinne helt og holdent vil unnslippe *fiendens* vrede. Jeshua advarer oss derimot i Johannes 16,33: «I verden har dere trengsel.» Han sa også i Bergprekenen: «Salige er de som blir forfulgt.» (Matt 5,10.)

Den store trengselen er ikke Guds vrede mot de onde. Det er anti-messias sin vrede mot Guds utvalgte i et siste forsøk på å ødelegge dem. Hvis vi har flyktet fra denne jorda gjennom en hemmelig bortrykkelse, hvorfor skal det da være en trengsel i det hele tatt? Djevelen er ikke først og fremst ute etter å forfølge sine egne barn. Hvorfor skulle han det?

Paulus forklarer med flere detaljer i 2. Tessalonikerne 1,3-10 hvordan dette vil utfolde seg når Jeshua vender tilbake:

«Vi er bundet til å alltid gi takk til Gud for dere, brødre, slik det passer seg, fordi deres tro vokser umåtelig, og kjærligheten til hver og en av dere mot hverandre er i overflod; slik at *vi selv skryter av dere i Guds forsamlinger på grunn av deres tålmodighet og tro i alle deres forfølgelser og i de lidelsene som dere gjennomgår.* Dette er et åpenbart tegn på Guds rettferdige dom, til det målet *at dere må bli regnet verdige for Guds rike,* som dere også lider for. Siden det er en rettferdig sak med Gud *å tilbakebetale lidelse til dem som plager dere, og å gi lettelse til dere som lider med oss, når Herren Jeshua åpenbares fra himmelen med sine mektige engler i flammende ild,* og gir hevn til dem som ikke kjenner Gud, og til dem som ikke adlyder de gode nyhetene om vår Herre Jeshua, som vil betale straffen: evig ødeleggelse fra Herrens ansikt og fra herligheten og hans makt, *når han kommer for å bli forherliget i sine hellige,* og å bli

56

beundret blant alle dem som har trodd (fordi vårt vitnesbyrd til dere ble trodd) på den dagen.» (HNV.)

Den apostoliske undervisningen angående Messias' andre ankomst er veldig klar og entydig akkurat som vi ser i dette skriftstedet fra 2. Tessalonikerne 1. Det blir alltid beskrevet som *en hendelse* der:

* De troende gjennomgår brennende prøvelser med forfølgelse og lidelse for å bli regnet som verdige for Guds rike.
* Jeshua blir åpenbart fra himmelen for å gjengjelde dem som har plaget de hellige.
* Han rykker bort sine egne for å møte ham i skyene, og de blir forherliget i ham, forvandlet på et øyeblikk og reddet fra vreden.
* Han utøser sin vrede over anti-messias og de onde (se Åp 19,11-21).

Bortrykkelsen er Guds beskyttelse for de troende fra hans vrede over de onde. Vi skal bli skjult i ham på denne tiden, akkurat som det står beskrevet i Jesaja 26,19-21:

> «Dine døde skal bli levende. Mine lik skal oppstå. Våkn opp og juble, dere som bor i støvet! For dugg over grønne urter er din dugg, og jorden gir døde tilbake til livet. Mitt folk, kom inn i dine kamre og lukk dørene etter deg! Skjul deg et lite øyeblikk, inntil vreden går over! For se, Herren går ut fra sin bolig for å hjemsøke dem som bor på jorden for deres misgjerning. Jorden skal la det blod som er utøst på den, komme for dagen og ikke mer dekke sine drepte.»

Her finner vi nøyaktig det samme mønsteret. Først kommer de rettferdiges oppstandelse og bortrykkelsen. Vi skal møte Messias i skyene for å være med ham, og så blir Guds vrede utøst over de onde.

Didache, som også er blitt kalt for *De tolv apostlers lære til nasjonene*, er det eldste kjente kristne dokumentet utenfor Bibelen, og det er kanskje til og med fra samme tid som apostelen Johannes' skrifter. Det oppsummerer endetidens hendelser på følgende måte:

«Vær våkende for livet deres. La ikke lampene slokne og livet ikke bli ombundet, men vær rede! For dere kjenner ikke timen når vår Herre kommer. Og dere skal samles sammen ofte og søke det som er passende for deres sjeler. For hele tiden for deres tro skal ikke være til gagn for dere hvis dere ikke blir perfeksjonerte i den siste tiden. For i de siste dager vil de falske profeter og ødeleggere bli mange, og sauene skal bli omgjort til ulver, og kjærlighet skal bli omgjort til hat. For når lovløsheten vokser, skal de hate hverandre og skal forfølge og forråde. Og så skal verdens bedrager åpenbares som Guds sønn og skal gjøre tegn og under, og jorda skal bli gitt i hans hender. Og han skal gjøre uhellige ting som ikke har vært siden verden begynte. Så skal alle skapte mennesker komme til prøvelsens ild, og mange skal bli støtt og omkomme. Men de som holder ut i troen, skal bli frelst av selve forbannelsen. Og så skal sannhetens tegn vise seg. Først et tegn av en revne i himmelen, så et tegn av en trompet, og for det tredje en oppstandelse av de døde. Men ikke for alle, men som det ble sagt at Herren skal komme og alle hans hellige med ham. Så skal verden se Herren komme på himmelens skyer.» (Did 16,1-8.)[3]

Enda en gang ser vi at det er nøyaktig den samme rekkefølgen i de hendelsene som er beskrevet. Først tester, prøvelser, forfølgelse og antikrists åpenbaring, og så ved lyden av en trompet kommer de helliges oppstandelse og Messias sin ankomst i herlighet på himmelens skyer.

3 Oversatt til norsk fra en engelsk oversettelse av J.B. Lightfoot, tilpasset og modifisert © 1990 Athena Data Products.

VÅR TRYGGHET

Den eneste tryggheten for oss under den store trengselen, er å lære å fornekte seg selv, ta opp vårt kors og følge Jeshua. I Åpenbaringen 3,10 lover han at hvis vi holder hans formaning om å holde ut – ikke å flykte – vil han bevare oss under denne vanskelige tiden.

«Fordi du har tatt vare på mitt ord om *å holde ut*, vil jeg bevare deg gjennom den tid av prøvelser som skal komme over hele verden for å prøve dem som bor på jorden.» (1978, min utheving.)

De som er skjult i Messias, vil gå gjennom denne tiden av prøvelser med seier. Jeshua i Getsemane på veien til korset er et profetisk bilde av denne store trengselen. Han sa til dem som arresterte ham: «Men dette er deres time og mørkets makt.» (Luk 22,53.) Når Jeshua snakker om denne tiden, sier han: «Nå er min sjel forferdet! Og hva skal jeg si? Far, frels meg fra denne time! Men nei, derfor er jeg jo kommet til denne time. Far, herliggjør ditt navn!» (Joh 12,27-28.)

Når vi i de siste dager lærer oss å gi etter for Guds vilje og ta opp vårt kors, vil Gud enda en gang bli forherliget. «Da sa Jesus til sine disipler: Om noen vil komme etter meg, da må han fornekte seg selv, ta sitt kors opp og følge meg. For den som vil berge sitt liv, skal miste det. Men den som mister sitt liv for min skyld, skal finne det.» (Matt 16,24-25.) Vi er ikke kalt til å dø for verdens synder slik Jeshua gjorde, men vi er kalt til å vandre i hans fotspor og ikke elske livet så høyt at vi krymper oss innfor døden.

«De har seiret over ham i kraft av Lammets blod og det ord de vitnet. Og de hadde ikke sitt liv kjært, like til døden.» (Åp 12,11.)

«Og da Lammet åpnet det femte seglet, så jeg under alteret deres sjeler som var blitt slått i hjel for Guds ords skyld og på grunn av det vitnesbyrd som de hadde. De ropte med høy røst og sa: Herre, du hellige og sannferdige! Hvor lenge skal det vare før du holder dom og hevner vårt blod på dem som bor på jorden? Og det ble gitt hver av dem en lang, hvit kjortel. Og det ble sagt til dem at de skulle slå seg til tåls ennå en liten stund, inntil tallet på deres medtjenere og brødre var fullt, de som skulle bli slått i hjel likesom de selv.» (Åp 6,9-11.)

Peter beskriver hvordan vi skal tenke: «Da nå altså Kristus har lidt i kjødet, så må også dere væpne dere med den samme tanken ...» (1 Pet 4,1.)

DEN STORE TRENGSELEN ER IKKE GUDS VREDE

Det er meget viktig å forstå forskjellen mellom den store trengselen og Guds vrede. Den store trengselen er anti-messias sin vrede mot Guds utvalgte, mens Guds vrede er hans dom over de ugudelige. Jeshua sier:

«Når dere da ser ødeleggelsens styggedom, som profeten Daniel har talt om, stå på det hellige sted ... da skal det bli en trengsel ... Men for de utvalgtes skyld skal de dager bli forkortet.» (Matt 24,15.21-22.)

Vi ser tydelig her at det er anti-messias som vil forårsake den store trengselen og at de utvalgte vil gjennomgå denne tiden.

Guds vrede er noe helt annet. Det er hans vrede og dom over anti-messias og hans etterfølgere for å kunne forkorte og få slutt på den store trengselen. Vi vet fra historien om Job at fienden aldri kan gjøre mer enn det som Gud gir ham tillatelse til å gjøre. Guds utvalgte vil se den store trengselen, men «den som holder Guds bud og har Jesu vitnesbyrd» (Åp 12,17), vil unnslippe Guds vrede og dom. Bortrykkelsen vil beskytte oss fra Guds vrede, halleluja! Før Guds vrede blir utøst, vil vi bli rykket bort for å være sammen med Jeshua.

Det er bare de ugudelige som vil få oppleve Guds vrede fra himmelen. Dette er for eksempel beskrevet i Åpenbaringen 6,15-17:

«Kongene på jorden og stormennene og hærførerne og de rike og de mektige, hver trell og hver fri mann, gjemte seg i hulene og mellom berghamrene. Og de sier til fjell og klipper: *Fall over oss og skjul oss for hans åsyn som sitter på tronen, og for Lammets vrede.* For deres store vredesdag er kommet, og hvem kan da bli stående?» (Min utheving.)

DE SJU SEGLENE

Den undervisningen som Jeshua gir i Matteus 24, blir gjentatt igjen i Johannes' åpenbaring. Jeshua kaller de første fire tegnene i Matteus 24 for «begynnelsen på fødselsveene». «Men alt dette er begynnelsen på fødselsveene.» (Matt 24,8.) Disse tegnene tilsvarer de fire første av de sju seglene i Åpenbaringen kapittel seks. La oss sammenligne dem.

Det første tegnet er bedrag. «Jesus svarte og sa til dem: Se til at ingen fører dere vill! For mange skal komme i mitt navn og si: Jeg er Messias! Og de skal føre mange vill.» (Matt 24,4-5.)

Dette tilsvarer det første seglet.

«Og jeg så da Lammet åpnet et av de sju segl, og jeg hørte et av de fire livsvesener si som med tordenrøst: Kom! Og jeg så – og se: En hvit hest, og han som satt på den, hadde en bue, og det ble gitt ham en krone, og han drog ut med seier og for å seire.» (Åp 6,1-2.)

Senere i Johannes' åpenbaring står det at Jeshua vil vende tilbake ridende på en hvit hest.

«Og jeg så himmelen åpnet – og se: *En hvit hest. Og han som sitter på den, heter Trofast og Sannferdig,* og han dømmer og strider med rettferdighet. Hans øyne er som ildslue. På hans hode er det mange kroner. Han har en innskrift med et navn som ingen kjenner uten han selv. Han er iført en kledning som er dyppet i blod, og hans navn er Guds ord. Hærene i himmelen fulgte ham på hvite hester, kledd i fint lin, hvitt og rent. *Ut av hans munn går det et skarpt sverd, for at han med det skal slå hedningefolkene.* Og han skal styre dem med jernstav.

Han tråkker vinpressen med Guds, Den Allmektiges strenge vredes vin. På sin kledning og på sin hofte har han et navn skrevet: Kongenes konge og herrers herre.» (Åp 19,11-16, min utheving.)

Rytteren på den hvite hesten i Åpenbaringen 6 er annerledes. Den beskriver erobringene til anti-messias, den falske messias, som vil forsøke å imitere den sanne Messias. Hans utseende vil være som den sanne Messias, siden han rider på en hvit hest. Han vil snakke om fred for å kunne bedra verden, men det er en falsk fred. Det er grunnen til at Jeshua advarer oss: «Se til at ingen fører dere vill! For mange skal komme i mitt navn og si: Jeg er Messias! Og de skal føre mange vill.» (Matt 24,4-5.)

Rytteren på den hvite hesten i Åpenbaringen 19 vil innføre Guds fred ved å tilintetgjøre Guds fiender med Guds ord, det skarpe sverdet som kommer ut av hans munn. Rytteren på den hvite hesten i Åpenbaringen 6 er derimot utstyrt med en bue for å jage og fange menneskers sjeler, som vi leser om angående Nimrod, en av de mange forbildene på anti-messias i Skriften.

«Kus fikk sønnen Nimrod, som var den første store hersker på jorden. Han var *en mektig jeger for Herren*. Derfor heter det: En mektig jeger for Herren som Nimrod. Begynnelsen til hans rike var Babel, Erek, Akkad og Kalne i landet Sinear. Fra dette landet drog han ut til Assur og bygde Ninive, Rehobot-Ir og Kalah, og Resen mellom Ninive og Kalah – dette er den store byen.» (1 Mos 10,8-12, min utheving.)

I endetiden vil bedraget og lovløsheten øke og feie over jorda. Paulus skrev om dette i 2. Tessalonikerne 2,9-12:

«Den lovløse kommer etter Satans virksomhet med all løgnens makt og tegn og under. Det skjer med all urettferdighetens forførelse blant dem som *går fortapt, fordi de ikke tok imot kjærlighet til sannheten, så de kunne bli frelst. Derfor sender Gud dem kraftig villfarelse, så de tror løgnen,* for at de skal bli dømt, alle de som ikke har trodd sannheten, men hadde sitt behag i urettferdigheten.» (Min utheving.)

Vi må elske sannheten i Guds ord for å kunne unngå villfarelsen i endetiden og bli frelst. Det er for eksempel mange politikere som hevder at islam, som er i forgrunnen av de fleste militære konfliktene i verden i dag, er en fredens religion. Dette er toppen av villfarelse. Men Jeshua advarer primært mot falske ledere som vil komme *i hans navn* og bedra mange. Denne advarselen blir gjentatt tre ganger (se Matt 24,5.11.24).

Jeshua ar den sanne Fredsfyrsten. Han vil komme for å dømme synden og føre en rettferdig krig for å forsvare sitt folk. Det hebraiske ordet for fred er *shalom*. Når det skrives med de gamle, semittiske billedlige bokstavene som Bibelen opprinnelig ble skrevet på, ser *shalom* ut slik:

$$\text{ʯ ૫ ∠ w}$$

Hebraisk leses fra høyre mot venstre. Den første bokstaven, *shin*, er et bilde av skarpe tenner, noe som er et symbol på fortæring eller ødelegging. Den andre bokstaven, *lamed*, er en hyrdestav eller kjepp til storfe, noe som er et symbol på autoritet og lederskap. Den tredje bokstaven, *vav*, er en spiker som betyr addere eller koble sammen. Den siste bokstaven, *meme*, viser bølger på vannet, noe som er et symbol på kaos.

Hvis vi kombinerer symbolikken i disse billedlige bokstavene, finner vi at det hebraiske ordet *shalom* illustrerer følgende: «Ødelegger autoriteten eller lederen som er forbundet med kaos.» Det er dette som Jeshua vil gjøre når han vender tilbake. Så vil verden til slutt få fred.

«Herren regjerer, han har kledd seg i høyhet. Herren har kledd seg og ombundet seg med styrke. Ja, jorden står fast og rokkes ikke. Fast står din trone fra gammel tid, fra evighet er du. Strømmer har løftet opp, Herre, strømmer har løftet opp sin røst, strømmer har løftet opp sine brusende bølger. Herligere er Herren i det høye enn røsten av mange vann, havets mektige brenninger. Dine vitnesbyrd er fullt stadfestet. For ditt hus sømmer seg hellighet, Herre, til dagenes ende.» (Sal 93.)

TRE ANDRE HESTER

Etter å ha advart mot bedrag, sier Jeshua: «Dere vil høre om kriger og rykter om krig. Se til at dere ikke lar dere skremme. For alt dette må skje, men ennå er ikke enden kommet. For folk skal reise seg mot folk, og rike mot rike.» (Matt 24,6-7.)

Denne advarselen om «kriger og rykter om krig», tilsvarer det andre seglet i Åpenbaringen 6.

«Da Lammet åpnet det andre seglet, hørte jeg det andre livsvesenet si: Kom! Og en annen hest drog ut, som var rød. Han som satt på den, ble det gitt å ta freden bort fra jorden, så de skulle slakte hverandre. Og det ble gitt ham et stort sverd.» (Åp 6,3-4.)

Falsk fred som er bygd på urettferdighet og lovløshet, vil alltid føre til krig. Etter den falske freden til anti-messias, som er symbolisert av rytteren på den hvite hesten, vil den røde hesten for krig komme. I 1. Tessalonikerne 5,3 står det: «Når de sier: Fred og ingen fare! – da kommer en brå undergang over dem. Den kommer som veer over en kvinne som skal føde, og de skal slett ikke slippe unna.»

Undervisningen i Matteus 24 og Åpenbaringen 6 er den samme: «Dere vil høre om kriger og rykter om krig … For folk skal reise seg mot folk, og rike mot rike.» (Matt 24,6-7.) «Han som satt på den, ble det gitt å ta freden bort fra jorden, så de skulle slakte hverandre. Og det ble gitt ham et stort sverd.» (Åp 6,4.)

Jeshuas formaning til sine etterfølgere angående den hvite hesten er: «Se til at ingen fører dere vill!» Angående den røde hesten sier han: «Se til at dere ikke lar dere skremme. For alt dette må skje, men ennå er ikke enden kommet.»

Etter den røde hesten kommer det en tredje hest:

> «Da Lammet åpnet det tredje seglet, hørte jeg det tredje livsvesen si: Kom! Og jeg så – og se: En svart hest, og han som satt på den, hadde en vekt i hånden. Og jeg hørte likesom en røst midt iblant de fire livsvesener, og den sa: Et mål hvete for en denar, og tre mål bygg for en denar. Men oljen og vinen skal du ikke skade.» (Åp 6,5-6.)

Jeshuas tredje advarsel i Matteus 24 er kort, men den tilsvarer nøyaktig det som er beskrevet angående den svarte hesten. Etter at han advarte om kriger, sa han: «Og det skal bli hunger.» (Matt 24,7.) Ikke bare hunger i entall, men hunger i flertall. Det vil bli matmangel. Vi må forberede oss til denne tiden ved å lære oss å stole på Gud og be: «Gi oss i dag vårt daglige brød.» (Matt 6,11.)

En del av denne nødvendige forberedelsen er at vi må være nøye med å takke for den maten som vi spiser. Det står skrevet i Salme 37 om de rettferdige: «De skal ikke bli til skamme i den onde tid, i hungerens dager skal de bli mette … Jeg har vært ung og er blitt gammel, men jeg har ikke sett den rettferdige forlatt eller hans avkom lete etter brød.» (Sal 37,19.25.)

Også i Salme 33,18-19 står det: «Se, Herrens øye ser til dem som frykter ham, som venter på hans miskunn, for å utfri deres sjel fra døden og holde dem i live under hungersnød.»

Til slutt leser vi om den fjerde hesten:

> «Da Lammet åpnet det fjerde seglet, hørte jeg røsten av det fjerde livsvesen, som sa: Kom! Da så jeg – og se: En gulblek hest. Han som satt på den, hans navn var Døden, og dødsriket fulgte med ham. Og det ble gitt dem makt over fjerdedelen av jorden, til *å drepe med* sverd og med hungersnød og med *pest, og med villdyrene på jorden.*» (Åp 6,7-8, min utheving.)

De foregående to hestene har allerede forløst sverd og hungersnød. Den fjerde hesten tilføyer «pest» og «villdyrene» som vil komme med død. Jeshua oppsummerer dette kort i Matteus 24 som: «Og det skal bli ... *jordskjelv både her og der.* Men alt dette er begynnelsen på fødselsveene.» (Matt 24,7-8, min utheving.) Jordskjelv er en form for pest. Det vil komme forskjellige typer av naturkatastrofer som vil drepe mange mennesker. Ville dyr er en henvisning til «smådyr», som fluer og insekter, se 3 Mosebok 11,41-45. Naturen vil gjennomgå fødselsveer som fører fram til den nye fødselen ved Messias' ankomst (se Matteus 19,28 og Romerne 8,19-23).

Legg merke til at Jeshua snakker om alle disse tingene til *sine egne* disipler, og han sa: «Se til at ingen fører *dere* vill ... *Dere* vil høre om kriger og rykter om krig. Se til at *dere* ikke lar dere skremme.» (V 4 og 6, min utheving.) Salme 91 ble skrevet nettopp for denne tiden. Gud kjenner dem som tilhører ham og beskytter dem. Det er hans løfte.

«Den som sitter i Den Høyestes ly, som bor i Den All-mektiges skygge, han sier til Herren: Min tilflukt og min borg, min Gud som jeg setter min lit til!

For han frir deg fra fuglefangerens snare, fra ødeleggende pest. Med sine vingefjær dekker han deg, og under hans vinger finner du ly. Hans trofasthet er skjold og vern. Du skal ikke frykte for nattens redsler, for pil som flyr om dagen, for pest som går fram i mørket, for sott som ødelegger ved middagstid. *Om tusen faller ved din side og ti tusen ved din høyre hånd – til deg skal det ikke nå.* Du skal bare se det med dine øyne, se hvordan de ugudelige får sin lønn.

For du, Herre, er min tilflukt! Den Høyeste har du gjort til din bolig. Intet ondt skal ramme deg, og ingen plage skal komme nær til ditt telt. *For han skal gi sine engler befaling om deg, at de skal bevare deg på alle dine veier.* De skal bære deg på hendene, så du ikke skal støte din fot på noen stein. På løve og hoggorm skal du trå, du skal tråkke ned unge løver og slanger.

For han henger fast ved meg, og jeg vil utfri ham. Jeg vil sette ham trygt på et høyt sted, for han kjenner mitt navn. Han skal påkalle meg, og jeg vil svare ham. *Jeg er med ham i nøden, jeg vil utfri ham og føre ham til ære.* Med et langt liv vil jeg mette ham og la ham skue min frelse.» (Min utheving.)

La oss lære oss å vandre på Guds veier og stole på hans navn! «Frykt ikke, bare tro!» (Mark 5,36.)

DE ANDRE TEGNENE

Vi har sett at de fire første tegnene i Matteus 24 tilsvarer de fire første seglene som blir brutt i Åpenbaringen kapittel 6. Disse fire tegnene blir kalt for «begynnelsen på fødselsveene» eller «sorgene».

Det femte tegnet i Matteus 24 dekker vers 9-24 og tilsvarer det femte seglet i Åpenbaringen 6. Dette er tegnet på forfølgelse. «Da skal de overgi dere til trengsel og slå dere i hjel. Og dere skal hates av alle folkeslag for mitt navns skyld.» (Matt 24,9.) I Åpenbaringen 6,9 står det: «Og da Lammet åpnet det femte seglet, så jeg under alteret deres sjeler som var blitt slått i hjel for Guds ords skyld og på grunn av det vitnesbyrd som de hadde.» Dette er tiden for den store trengselen når anti-messias vil bli åpenbart.

Vi leser i Matteus 24,29:

«Men straks etter de dagers trengsel skal solen bli formørket og månen skal ikke gi sitt skinn. Stjernene skal falle ned fra himmelen, og himmelens krefter skal rokkes.»

Dette er det sjette tegnet, som tilsvarer det sjette seglet som blir brutt i Åpenbaringen 6. «Og jeg så da Lammet åpnet det sjette seglet – og se: Det ble et stort jordskjelv, og solen ble svart som en sekk av hår, og hele månen ble som blod. Og himmelens stjerner falt ned på jorden, som et fikentre kaster ned sine umodne fiken når det ristes av sterk vind.» (Åp 6,12-13.)

Det sjuende seglet er beskrevet i Matteus 24,31: «Han skal sende ut sine engler med veldig basunklang, og de skal samle hans utvalgte fra de fire vindretninger, fra himmelens ene ende til den annen.» Det sjuende seglet inneholder når de sju trompetene blir blåst i Johannes' åpenbaring. Vi leser i kapittel 11,15-18:

«Og den sjuende engel blåste i basunen. Og høye røster ble hørt i himmelen, som sa: Kongedømmet over verden tilhører nå vår Herre og hans Salvede, og han skal være konge i all evighet. Og de tjuefire eldste, som sitter for Guds åsyn på sine troner, falt på sitt ansikt og tilbad Gud og sa: Vi takker deg, Herre Gud, du Allmektige, du som er og som var, fordi du har tatt i bruk din store makt og regjerer som konge. Hedningefolkene raste, men nå er din vrede kommet – tiden da de døde skal dømmes, og da du skal lønne dine tjenere profetene og de hellige og dem som frykter ditt navn, de små og de store, og da du skal ødelegge dem som ødelegger jorden.»

KAPITTEL 5

ANTI-MESSIAS

I 1. Johannes' brev 2,18 står det: «Små barn, dette er ende-tiden, og som du har hørt at Anti-Messias kommer, har allerede nå mange anti-messiaser oppstått. Ved dette vet vi at det er den siste timen.» (HNV.)

Det er bare apostelen Johannes som bruker ordet «anti-messias» (antikrist) i Bibelen, men denne onde verdensherskeren er beskrevet med andre navn i både De profetiske og De apostoliske skrifter.[4] Ordet «anti» betyr «mot» og «istedenfor». Anti-messias vil stå imot eller gå imot Messias Jeshua. Han vil også prøve å innta Messias sin plass ved å bedra mange og opptre som ham. Han er en falsk messias som vil prøve å tilrane seg den plassen som tilhører Guds Sønn.

Djevelen er ikke likestilt med Gud. Han er bare en forfalsker og har ingen makt til å skape. Siden Jeshua vil vende tilbake til Jerusalem for å befeste sin trone og styre verden, vil anti-messias styre fra den samme byen for å kunne innta Herrens plass.

I de siste dager vil Gud gjøre Jerusalem til «en tumleskål for alle folkeslagene rundt omkring» (Sak 12,2). Nasjoner og ledere fra hele verden vil bli drukne og besatte av Jerusalem slik at de mister sin edruelige dømmekraft. Lik møll som tiltrekkes av lyset, vil alle ondskapens hærskarer bli tiltrukket av Jerusalem.

Satan fokuserer ikke primært på Washington, Paris eller Moskva. Han sikter på den plassen som Gud taler om når han sier:

4 Istedenfor Det gamle og Det nye testamente, bruker jeg de bibelske uttrykkene De profetiske og De apostoliske skrifter, se Lukas 24,25.27, Ef 2,20 og 2 Pet 3,1-2.

«Og nå har jeg utvalgt og helliget dette hus, for at mitt navn skal bo der til evig tid.» (2 Krøn 7,16.) Anti-messias vil prøve å imitere Gud ved å reise sitt eget bilde i Jerusalem og kreve at verden tilber ham.

Det er ofte en åndelig mening og tillempning bak mange av de profetiske avsnittene i Skriften, men man gjør en alvorlig feil hvis man unngår direkte fysisk og geografiske tolkninger av det profetiske ordet. Jeshua advarer om dette i Matteus 24,15-16:

«Når dere da ser ødeleggelsens styggedom, som profeten Daniel har talt om, stå på det hellige sted – forstå det, enhver som leser! – da må de som er i Judea, flykte opp i fjellene.»

Det er umulig å tolke dette verset uten å henvise til den fysiske byen Jerusalem i Israels land. Jeshuas oppfordring til dem som bor i Judea om å flykte opp i fjellene, gjør at dette er helt tydelig.

Gjennom historien har det vært kriger, hungersnød, jordskjelv og forfølgelse som folk har tolket som et tegn på slutten på denne tidsalderen. Men etter Jerusalems og Templets ødeleggelse i 70 og 135 e.Kr., har ikke Jeshuas spesifikke ord om «ødeleggelsens styggedom» blitt fullbyrdet i historien.[5] Når dette finner sted, (scenen holder på å gjøres klar til dette i dag), vil det gi oss et tydelig referansepunkt angående tiden for Messias' gjenkomst. Jeshua sier i Matteus 24,32-34:

«Lær en lignelse av fikentreet: Når grenene har fått sevje og bladene springer ut, da vet dere at sommeren er nær. Slik skal dere også, når dere ser alt dette, vite at han er nær og står for døren. Sannelig sier jeg dere: Denne slekt skal visselig ikke forgå før alt dette skjer.»

5   Når man sammenligner Matteus 24 med andre skriftsteder, f.eks. 2 Tessalonikerne 2 og Åpenbaringen 13 (se også Didache 16,1-5), virker det åpenbart at Jeshua må henvise til en oppfyllelse av dette tegnet om «ødeleggelsens styggedom» i umiddelbar forbindelse med sin gjenkomst, og at det er separat fra hendelsene i 70 eller 135 e.Kr.

DET VIKTIGSTE MÅLET

Selv om anti-messias vil prøve å styre over hele jorden, vil det viktigste målet for skrekkens styre være Jerusalem. Jeshua formaner dem som er i Judea, om å flykte opp i fjellene når styggedommens bilde blir reist på Tempelberget i Jerusalem.

Ordet «styggedom» blir ofte benyttet om avguder eller bilder. I parallellavsnittet i Markus 13,14 henviser den greske teksten til denne styggedommen som en mann. I Åpenbaringen 13,14-17 finner vi forklaringen:

> «Og det sier til dem som bor på jorden, at de skal gjøre et bilde av det dyr som fikk sverdhogget og ble levende igjen. Og det fikk makt til å gi dyrets bilde livsånde, så at dyrets bilde til og med kunne tale, og gjøre så at alle de som ikke ville tilbe dyrets bilde, skulle drepes. Det utvirker at det blir gitt alle, små og store, rike og fattige, frie og treller, et merke i sin høyre hånd eller på sin panne, og at ingen kan kjøpe eller selge uten den som har merket, dyrets navn eller tallet for dets navn.»

Dyrets merke vil påvirke hele jorden. Men det å tvinge folk til å tilbe bildet, vil primært påvirke de jødene som bor i Jerusalem og Judea. De alvorlige konsekvensene av å tilbe bildet i Jerusalem eller å motta dyrets merke er forklart i Åpenbaringen 14,9-12:

> «En annen engel, den tredje, fulgte etter dem og sa med høy røst: Dersom noen tilber dyret og dets bilde, og tar merket på sin panne eller sin hånd, da skal han også drikke av Guds vredes-vin, som er skjenket ublandet i hans harmes beger. Og han skal pines med ild og svovel for de hellige englers og for Lammets øyne. Røken av deres pine stiger opp i all evighet. De har ikke hvile dag eller natt, de som tilber dyret og dets bilde, og hver den som tar imot merket med dets navn. Heri består de helliges tålmodighet, de som holder fast ved Guds bud og Jesu tro.» (Se også Åp 13,9-10.)

I flere profetiske visjoner nevner Daniel den konflikten som pågår på liv og død mellom anti-messias («ødeleggelsens styggedom») og det jødiske folket i de siste tider.

«Han skal stadfeste en pakt med mange for en uke. Midt i uken skal han bringe matoffer og slaktoffer til å opphøre. *På styggedommens vinger skal ødeleggeren komme*, og det inntil tilintetgjørelse og fast besluttet straffedom strømmer ned over den som volder ødeleggelsen.» (Dan 9,27, min utheving.)

«Hærer som han sender ut, skal komme og vanhellige helligdommen, den faste borg. De avskaffer det stadige offer og setter opp *den ødeleggende styggedommen*. Dem som synder mot pakten, lokker han til frafall ved glatte ord. Men de av folket som kjenner sin Gud, skal stå fast og holde ut.» (Dan 11,31-32, min utheving.)

«Fra den tid det stadige offer blir avskaffet og *den ødeleggende styggedommen* blir stilt opp, skal det gå tusen, to hundre og nitti dager. Salig er den som venter og når fram til tusen, tre hundre og trettifem dager.» (Dan 12,11-12, min utheving.)

Ingen politisk løsning kan få slutt på den eskalerende konflikten i Midtøsten. Det er bare de som kjenner Gud og omfavner Messias, som vil være i stand til å holde ut (Apg 3,22-23).

GJENNOM VÅR BARMHJERTIGHET

Bibelen forteller oss at til slutt vil hele Israel bli frelst, noe som vil gi liv fra de døde for hele verden. «Og slik skal hele Israel bli frelst, som det står skrevet: Fra Sion skal befrieren komme. Han skal rydde bort ugudelighet fra Jakob.» (Rom 11,26.) «For er verden blitt forlikt med Gud ved deres forkastelse, hva annet vil da deres antakelse bli enn liv av døde?» (Rom 11,15.)

Fiendens strategi er åpenbar. Hans plan er å tvinge alle jøder til å falle ned og tilbe hans bilde eller å drepe dem hvis de nekter. Målet er å abortere det profetiske ordet og forhindre at Messias vender tilbake til sitt eget folk.

Dette er den episke åndelige tidsaldrenes kamp som må utkjempes i bønn og gjennom Jeshuas etterfølgeres lydighet i de siste dager. Noen vil kanskje si at denne uttalelsen er altfor ekstrem. Men er det ikke forbløffende at Hitlers viktigste mål for den demoniske vreden var det jødiske folket og ikke de kristne?

Jeshua kommer ikke tilbake til en hvilken som helst plass, eller til et hvilket som helst folk, når som helst. Han vil vende tilbake som en nøyaktig fullbyrdelse av Skriften. Satan er bedre kjent med det profetiske ordets betydning enn mange kristne er.

Det er tragisk at den ubibelske læren om en bortrykkelse før trengselen har ført mange kristne på villspor. Fordi de tror at de ikke engang vil være på jorda når anti-messias kommer for å forfølge det jødiske folket, føler de at dette terrorveldet ikke angår dem.

Ifølge Paulus er det først og fremst gjennom den barmhjertigheten som er gitt til hedningene, som Israel vil motta barmhjertighet fra Gud. I skriftstedet der han sier at hele Israel vil bli frelst, forklarer Paulus:

«Dere [hedninger] var jo en gang ulydige mot Gud, men nå har dere fått miskunn, fordi de andre var ulydige. På samme måte har nå de vært ulydige, men *ved den miskunn dere har fått, skal også de få miskunn.*» (Rom 11,30-31, min utheving.)

Under trengselen vil Israel trenge Jeshuas sanne etterfølgere mer enn noensinne, og det er i denne kritiske timen som vi til slutt vil være i stand til å fullbyrde vårt kall overfor det jødiske folket.

Det jødiske folket er evangeliets fiender for vår skyld, men elsket av Gud på grunn av patriarkene.

«Og er roten hellig, da er grenene det også ... For Gud angrer ikke sine nådegaver og sitt kall [han snakker om Israel].» (Rom 11,16.29.)

I denne timen kaller Gud dem som tilhører nasjonene og som tror på Jeshua, om at de skal bekjenne seg til det jødiske folket som sitt eget folk i en profetisk identifikasjon. Vi skal vandre sammen med Israel gjennom denne mørke tiden av «Jakobs trengsel» inntil de alle har kommet til tro. Slik vil vi påskynde Jeshuas ankomst tilbake til jorda for å opprette sitt evige rike og gjøre ende på synd.

Noen mennesker sier at det jødiske folkets frelse ikke er noe som vi trenger å bry oss om. Fordi Gud har lovt i sitt ord at han vil frelse det jødiske folket, vil han fullbyrde dette på en suveren måte og på en perfekt måte og tid som han selv velger.

Dette er det samme argumentet som William Careys kolleger benyttet seg av da Gud kalte ham til å reise til India og forkynne evangeliet. De sa: «William, forstår du ikke at hvis Gud vil frelse hedningene i India, så kan han gjøre det selv uten din hjelp.» Dette høres fromt og godt ut, men det er like ubibelsk angående det jødiske folket som det var om de ikke-troende i India.

Guds suverenitet utelukker aldri menneskers ansvar. Det er gjennom vår barmhjertighet som Israel vil motta barmhjertighet fra Gud. Gud har bestemt at vi skal vekke jødene til nidkjærhet. Hvis vi ikke engang skal være her under Jakobs trengselstid, hvordan kan vi da fullbyrde dette kallet?

Nå er tiden inne for at de som tror på Jeshua, skal stå opp og stå i gapet for det jødiske folket. Gjennom Jeshua har vi fått adgang til den nåden og barmhjertigheten som Israel trenger. La oss be om åpnede øyne og ører så vi kan svare på Guds kall i denne tiden.

«Så sier Herren Herren: Er det deg jeg har talt om i fordums dager ved mine tjenere, Israels profeter, de som spådde i de dager, år etter år, at jeg ville la deg komme over dem? Men på den samme dag, den dag Gog kommer over Israels land, sier Herren Herren, da skal min harme stige opp i mitt åsyn.»
– Esekiel 38,17-18

KAPITTEL 6

GOG- OG MAGOG-KRIGEN

D et som antagelig er den tydeligste og mest grundige skissen over Guds plan for Israel og Midtøsten i endetiden, finner vi i Esekiel kapittel 35-39.

Denne seksjonen begynner i kapittel 35 med en profeti om Seir-fjellet og slutter i kapittel 38 og 39 med at de internasjonale styrkene til Gog og Magog blir ødelagt når de kommer mot Israel. Seir-fjellet er et symbol på kongeriket Edom, som er etterkommerne etter Esau, Jakobs bror. Disse kapitlene vil med andre ord gi oss mer åpenbaring om den siste konflikten mellom Jakob og Esau i endens tid – tiden for Jakobs trengsel.

Esekiel 35-39 og de kapitlene som kommer etterpå, handler om Guds løfter om en gjenopprettelse for Israel. Det siste verset erklærer om Jerusalem: «Og byens navn skal fra den dag være: Herren er der.» (Esek 48,35.) Som vektere på Jerusalems murer, har vi et kall til å minne Herren om dette løftet i bønn både dag og natt.

«På dine murer, Jerusalem, setter jeg vektere. Aldri skal de tie, ikke hele dagen og ikke hele natten. Dere som minner Herren, unn dere ingen ro! Og gi ham ikke ro før han bygger Jerusalem opp igjen, og før han gjør det til en lovsang på jorden!» (Jes 62,6-7.)

Her har vi en guddommelig selvmotsigelse. På den ene siden må vi nærme oss situasjonen med tillit fra en posisjon av seier, der vi gleder oss og priser Gud på forhånd fordi vi vet at den endelige utgangen er sikker og grunnlagt allerede fra verdens begynnelse av. Uansett hva som skjer, trenger vi ikke å bekymre oss. Gud er ikke en taper. Han kan ikke svikte. Hans plan vil bli fullbyrdet.

77

På den andre siden betyr det ikke at vi ikke har et ansvar for å be og gå i forbønn som om utfallet henger på oss. Det var slik som profetene i fortiden ba. Da Daniel fant ut fra skriftene at Jerusalems ødeleggelse ville vare i 70 år, sluttet han ikke å be. Tvert imot begynte han å be som aldri før.

Martin Luther sa: «Bønn er ikke å prøve å endre på Guds vilje, men å aggressivt gripe tak i den.» Faktum er at sann bønn begynner når Guds vilje blir åpenbart, akkurat som Mesteren lærte oss: «Slik skal dere da be: Fader vår, du som er i himmelen ... Skje din vilje, som i himmelen, så og på jorden.» (Matt 6,9-10.) Guds vilje vil ikke bli fullført uten at hans folk ber.

I tillegg til det faktum at vi trenger å be om at Guds vilje blir gjort, er det også mange ting innenfor rammen for Guds forutbestemte vilje som kan forandres gjennom bønn. Unødvendige katastrofer og tragedier kan unngås, akkurat som Jeshua sa: «Men be om at dere slipper å flykte om vinteren eller på sabbaten. For da skal det bli en trengsel så stor.» (Matt 24,20-21.) Vi kan ikke unngå flukten og trengselen, men gjennom bønn kan vi unngå unødvendig smerte og lidelse. Dette er også en grunn til at vi er kalt til å be.

EDOMS ELDGAMLE HAT MOT ISRAEL

Jakob, som senere ble Israel, og Esau kjempet mot hverandre helt fra begynnelsen av – allerede i sin mors mage. Gud erklærte at de ville gjøre det helt til slutten. Han sa at en av dem alltid ville være sterkere enn den andre. Men begge to vil aldri være sterke samtidig.

> «Men barna støtte mot hverandre i hennes liv. Da sa hun: Er det slik med meg, hva skal så det bety? Og hun gikk for å spørre Herren. Og Herren sa til henne: I ditt liv er det to folk, og *fra ditt skjød skal to folkeslag skille seg at. Det ene folk skal være sterkere enn det andre, og den eldste skal tjene den yngste.*» (1 Mos 25,22-23, min utheving.)

Avsnittet fortsetter med: «Da guttene vokste opp, ble Esau en dyktig jeger, en mann som levde ute i marken. Men Jakob var en stillferdig mann som holdt seg ved teltene.» (V. 27.)

Det å være en «dyktig jeger», er et uttrykk som brukes om dem som jakter på menneskers sjeler for å kunne bygge verdensriker. «Kus fikk sønnen Nimrod, som var den *første store hersker på jorden*. Han var en mektig jeger for Herren. Derfor heter det: *En mektig jeger for Herren som Nimrod. Begynnelsen til hans rike var Babel* ...» (1 Mos 10,8-10, min utheving.) Den metoden som verdensledere benytter seg av til å jakte på og fange menneskers sjeler, er først og fremst gjennom mektige, overtalende ord og retorikk.

«Holdt seg ved teltene» er derimot et uttrykk som henviser til at man studerer Torahen, Guds ord.[6] Dette var Jakobs kall. Gud sa at *«den eldste skal tjene den yngste»*. Det vil bare bli fred i Midtøsten når Esau lærer seg å tjene det jødiske folket, som har opplevd at«Guds ord ble betrodd dem». «Hva fortrinn har da jøden? Eller hva gagn er det i omskjærelsen? Mye på alle vis! Først og fremst at Guds ord ble betrodd dem.» (Rom 3,1-2.)

Senere profeterte Isak over Esau og sa:

> «Se, uten jordens fruktbarhet skal ditt bosted være, og *uten himmelens dugg* ovenfra. *Av ditt sverd skal du leve*, og din bror skal du tjene. Men det skal skje, når du river deg løs, da skal du bryte hans åk av din nakke. Esau la Jakob for hat på grunn av den velsignelsen som hans far hadde velsignet ham med. Og Esau sa i sitt hjerte: Snart må vi ha sørgedager over min far, og *da skal jeg slå i hjel Jakob min bror.*» (1 Mos, 27,39-41, min utheving.)

Isak profeterte at Edom skal leve av sverdet. Sverdet er det symbolet som blir brukt i Saudi-Arabias flagg, som er islams fødested og hjemland. Islam er alltid blitt spredd med sverdet, akkurat som det fortsatt skjer i dag i den globale jihad og terror

---

6 Sammenlign jødiske kommentarer om 1 Mos 25,27, f.eks. *Rashi* og *Middrash Rabbah.*

grunnlagt på Koranen. Det står også om Edom: «Uten jordens fruktbarhet skal ditt bosted være, og uten himmelens dugg ovenfra.» Overalt der islam er blitt spredd, så har det både produsert et morderisk hat mot det jødiske folket og ørken og ødemarker.

Det endelige utfallet av konflikten mellom Esau og Jakob er beskrevet i Esekiel 35, der Esau vil høste det han har sådd.

> «*Fordi du bærer på et evig fiendskap* og overgav Israels barn i sverdets vold – i deres ulykkes tid, da den misgjerning skjedde som førte til undergang, derfor, så sant jeg lever, sier Herren Herren, *vil jeg gjøre deg til blod, og blod skal forfølge deg. Fordi du ikke hatet blod, skal blod forfølge deg.*» (V. 5-6, min utheving.)

Teksten fortsetter med å nevne spesifikt Esaus forsøk på å okkupere Guds hellige land og hvor alvorlig Gud ser på dette spørsmålet.

> «Fordi du sa: De to folk og de to land skal bli mine, vi vil ta dem i eie, enda Herren har vært der, derfor vil jeg, så sant jeg lever, sier Herren Herren, gjøre med deg etter min vrede og etter den misunnelse du har lagt ut for dagen i ditt hat mot dem. Jeg skal bli kjent blant dem når jeg dømmer deg. Og du skal kjenne at jeg, Herren, har hørt alle de spottord som du har talt mot Israels fjell, da du sa: De er ødelagt, vi har fått dem for å livnære oss! Dere talte overmodig mot meg med deres munn og brukte mange ord mot meg. Jeg har nok hørt det. Så sier Herren Herren: Mens hele jorden gleder seg, vil jeg legge deg øde … Og de skal kjenne at jeg er Herren.» (V. 10-15.)

«Dere talte overmodig mot meg med deres munn og brukte mange ord mot meg.» Dette er en nøyaktig beskrivelse av massemedias utrettelige trakassering av Israel og forvrengning av fakta i konflikten. Som en «dyktig jeger» etter menneskers sjeler, har islam klart å selge den palestinske versjonen av historien til den offentlige opinionen.

«Mens hele jorden gleder seg, vil jeg legge deg øde.» Akkurat som verden gledet seg da Nazi-Tyskland omsider ble beseiret, vil verden også til slutt glede seg når islam og den blodtørstige agendaen med terror vil kollapse. Til slutt vil islam høste det de har sådd. Gud sier: «*Fordi du ikke hatet blod, skal blod forfølge deg.*» (Esek 35,6.) Vi må be om at mange arabere vil velge en annen vei og forkaste det hatet mot Israel som eksisterer innenfor islam og nominell kristendom.

Gud lover: «*Derfor vil jeg ... gjøre med deg etter min vrede og etter den misunnelse du har lagt for dagen i ditt hat mot dem.* Jeg skal bli kjent blant dem når jeg dømmer deg.» (Esek 35,11, min utheving.) Gud vil gjøre seg kjent for Israel når han til slutt dømmer det antisemittiske hatet i verden.

ISRAELS FJELL

Profeten Esekiel fortsetter i kapittel 36 og 37 med å skissere Guds planer for en gjenopprettelse av Israels fjell, som er hjertet i det landet som han har lovt til det jødiske folket. Det er imidlertid slik at 80% av «Israels fjell» ligger innenfor det territoriet som verden i dag vil gi palestinerne som en muslimsk stat. Dette er en veldig alvorlig overtredelse av Den høyestes suverene vilje, og det vekker hans vrede.

> «Og du, menneskesønn! *Profeter om Israels fjell* og si ... Fordi fienden ropte: Ha, ha! over dere og sa: De evige hauger er blitt vår eiendom ... Se, *jeg har talt i min nidkjærhet og i min harme.* Fordi dere har båret folkenes spott ... *Jeg har løftet min hånd og sverget*: Sannelig, de folk som bor rundt omkring dere, de skal selv lide spott. Men *dere, Israels fjell, dere skal strekke ut deres grener og bære frukt for mitt folk Israel. For det skal snart komme* ... Og jeg vil føre mange mennesker opp på dere, hele Israels hus ... Jeg vil la det bo folk på dere som i

gammel tid og gjøre enda mer vel mot dere enn i deres første tid. Og dere skal kjenne at jeg er Herren. *Jeg vil la mennesker, mitt folk Israel, ferdes på dere. De skal ta deg i eie, og du skal være deres arv. Og du skal aldri mer gjøre dem barnløse.*» (Esek 36,1-12, min utheving.)

Det er viktig å forstå at uansett hvilke planer nasjonene har, og uansett hva som vil skje de neste årene, finnes det ingen framtid for de palestinske planene for Judea og Samaria. Gud selv har reservert Israels fjell for Israels folk. Dette er helt åpenbart i Skriften. «*Men dere, Israels fjell, dere skal strekke ut deres grener og bære frukt for mitt folk Israel. For det skal snart komme.*» (Esek 36,8.)

Dette betyr ikke at jødene bare kan jage alle araberne vekk og røske til seg landet. Det er et annet spørsmål, og til forskjell fra det bildet som massemediene framstiller, er det veldig sjelden at det faktisk skjer. Men dette landområdet er forutbestemt til å tilhøre det jødiske folket. Palestinske arabere som vil leve i fred med sine jødiske naboer, vil ha en framtid i landet. I Sakarja 9,6-8 står det:

«Jeg vil utrydde filistrenes stolthet. Jeg vil ta offerblodet ut av deres munn og det motbydelige offerkjøtt bort fra deres tenner. *Da skal det også av dem bli igjen en rest for vår Gud, og de skal være som fyrster i Juda.* Ekron skal være som en jebusitt. Jeg vil slå leir til vern for mitt hus mot krigsherrer som kommer og går. Ingen voldsherre skal mer komme over dem. For nå ser jeg med egne øyne hvordan det er.» (Min utheving.)

Og i Jeremia 12,14-17 kan vi lese:

«Så sier Herren om alle de onde naboene, som forgriper seg på den arv han har gitt sitt folk Israel til eie: Se, jeg rykker dem opp av deres land, Judas hus vil jeg rykke opp midt iblant dem ... Dersom de da lærer mitt folks veier, lærer å sverge ved mitt navn: Så sant Herren lever! – likesom de har lært mitt folk å sverge ved Baal, da skal de bli bygd opp igjen midt iblant mitt folk. Men vil de ikke høre, da vil jeg rykke det folket opp og tilintetgjøre det, sier Herren.»

Andre folks planer på å vinne *eksklusiv* rett til Israels fjell og *forhindre* det jødiske folkets hjemkomst til sitt land, slik som de palestinske selvstyremyndighetene (PA) gjør, er grunnlagt på rasistisk hat og islamsk ideologi og vil til slutt føre til at Guds alvorlige dom blir avsagt.

Resten av kapittel 36 og kapittel 37 forteller oss mange detaljer om det herlige verket som Gud vil gjøre med Israel på Israels fjell for sitt eget store navns skyld. Den fremste prioriteten i våre bønner må alltid være å helliggjøre Guds navn: «Slik skal dere da be: Fader vår, du som er i himmelen! Helliget vorde ditt navn.» (Matt 6,9.)

> «Det gjorde meg ondt for mitt hellige navn, som Israels hus hadde vanhelliget blant de folk som de var kommet til. Derfor skal du si til Israels hus: Så sier Herren Herren: *Ikke for deres skyld, Israels hus, gjør jeg det, men for mitt hellige navns skyld*, det som dere har vanhelliget blant de folk som dere er kommet til. Jeg vil hellige mitt store navn, som er blitt vanhelliget blant folkene, det som dere har vanhelliget blant dem. Og folkene skal kjenne at jeg er Herren, sier Herren Herren, når jeg åpenbarer min hellighet på dere for deres øyne.» (Esek 36,21-23, min utheving.)

Dette er kraftige uttalelser som vi ikke kan ta lett på. Gjenopprettelsen av det jødiske folket til Israels fjell handler om å helliggjøre Guds eget navn. Gud fortsetter med å erklære hva han vil gjøre med Israel for sitt eget navns skyld, og i vers 24-36 nevner han minst fjorten høytidelige løfter:

- Jeg vil hente dere fra folkene.
- Jeg vil samle dere fra alle landene.
- Jeg vil la dere komme til deres eget land.

- Jeg vil stenke rent vann på dere, så dere skal bli rene.
- Fra alle deres urenheter og fra alle deres motbydelige avguder vil jeg rense dere.
- Jeg vil gi dere et nytt hjerte, og en ny ånd vil jeg gi i dere.
- Jeg vil ta bort steinhjertet av deres kjød og gi dere et kjødhjerte.
- Min Ånd vil jeg gi inne i dere, og jeg vil gjøre det så at dere følger mine bud.
- Jeg vil være deres Gud.
- Jeg vil fri dere fra alle deres urenheter.
- Jeg vil kalle på kornet og gjøre grøden rik.
- Jeg vil øke trærnes frukt og markens grøde.
- Jeg vil igjen la det bo folk i byene, og ruinene skal bygges opp igjen … som Edens hage.
- Jeg, Herren, har sagt det, og jeg skal gjøre det.

Gud avslutter med å si at han vil gjøre alt dette som svar på bønn. «Så sier Herren Herren: Også i dette *vil jeg bønnhøre Israels hus, så jeg gjør det for dem*.» (Esek 36,37, min utheving.) Israels gjenopprettelse har bare begynt. Det kommer mye mer som svar på bønn.

Kapittel 37 gir oss flere detaljer om at Israels gjenopprettelse vil være en prosess i to skritt. Først kommer det en fysisk gjenopprettelse, og så kommer det en åndelig gjenopprettelse. Så langt har vi først og fremst sett begynnelsen på det første skrittet, men vi venter fortsatt på fylden av det andre.

> «Da sa han til meg: Profeter og tal til Ånden! Profeter, menneskesønn, og si til Ånden: Så sier Herren Herren: Kom du Ånd fra de fire vinder og blås på disse drepte menn, så de kan bli levende! Jeg profeterte slik som han hadde befalt meg. Og Ånden kom i dem, og de ble levende og stod opp på sine føtter – en meget, meget stor hær.» (Esek 37,9-10.)

Den endelige gjenopprettelsen fører til at alle Israels stammer vil bli gjenopprettet. Efraim og Juda vil bli ett i Herrens hånd. Dette vil være et stort og forbløffende Guds verk i de siste tider.

GOG OG MAGOG

Til slutt kommer vi til kapittel 38 og 39, som handler om Gog- og Magog-krigen. «Gog og Magog» er den verdensvide, ugudelige konføderasjonen som vil slå seg sammen med Edom for å slåss mot Israel i endetiden. Jødiske lærde tror at det kommer til å bli minst to eller tre forskjellige «Gog- og Magog-kriger», men det er de samme prinsippene som gjelder dem alle.[7]

«Herrens ord kom til meg, og det lød så: Menneskesønn! Vend ditt ansikt mot Gog i Magogs land, fyrsten over Ros, Mesek og Tubal, og profeter mot ham! Du skal si: Så sier Herren Herren: Se, jeg er imot deg, Gog, fyrste over Ros, Mesek og Tubal!» (Esek 38,1-3.)

«Magogs land» ligger nord for Israel. God blir også beskrevet som «fyrste over Ros, Mesek og Tubal». Magog, Mesek og Tubal er Jafets sønner (1 Mos 10,2), noe som peker mot de indoeuropeiske folkene eller kaukasiske folkeslag. Tyrkia ligger i hjertet av området der Jafets etterkommere slo seg ned. Tyrkias dramatiske snuoperasjon de siste årene, der de er blitt en av Israels verste fiender, har ført til at noen israelske rabbier tror at Gog- og Magog-krigen er nær.[8]

I jødiske kilder blir Magog oversatt som både goternes land, eller Gothia, og Germania. Disse fakta i kombinasjon med uttalel-

---

7 Johannes' åpenbaring beskriver også en Gog- og Magog-krig mot slutten av Messias sitt tusenårsrike, noe som vi ikke skriver om i dette kapitlet.

8 Gil Ronen, «Rabbis: Flotilla Clash Similar to Gog and Magog Prophecy», *Israel National News*, 6. mars 2010, http://www.israelnationalnews.com/News/News.aspx/137869#.Tm8h EHOXu2w (sist lastet ned den 13. september 2011).

sen fra vers 15, «da skal du komme fra ditt land, fra det ytterste Norden», betyr at Skandinavia også er involvert, som er befolket av gotere.

I vers 5 (BGO) nevner man tre spesifikke nasjoner: «Persia, Kusj og Put er med dem.» Persia er Iran. Kusj er området der Sudan og Afrikas horn ligger, inkludert deler av Etiopia. Put er Libya. De fleste av disse landene er i dag islamske, og de er ekstremt antisemittiske og fiendtlige innstilt mot Israel.

Nøyaktig hvem Gog er, er tilsynelatende et mysterium som bare vil bli åpenbart når han kommer til makten, som Esekiel sier: «Så sier Herren Herren: *Er det deg jeg har talt om i fordums dager* ved mine tjenere, Israels profeter?» (Esek 38,17, min utheving.)

Skriften identifiserer Edom som Israels største erkefiende opp gjennom historien inntil slutten. Gog kan derfor være en edomittisk leder i fronten av en hovedsakelig ikke-arabisk hær der både Europa, Russland, Tyrkia, Iran, Libya og Sudan er med.

Jødiske lærde tror at det var en edomitt som grunnla Rom, som senere ødela det andre Templet. Vi ser kombinasjonen av Edom og Jafet i fortellingen om Ester der Haman, en edomitt, iverksatte planen om å utslette det jødiske folket i det persiske riket. Persia er identifisert med Jafets sønn Tiras i 1 Mosebok 10,2.

I dagens verden kan en kombinasjon av Edom og Jafet oversettes med en allianse som består av islams verden og de tradisjonelt hvite, eller kaukasiske, «post-kristne» nasjonene – inkludert Amerika. Det er veldig trolig at i endens tid, vil den antikristne «Gog- og Magog-hæren» komme ut fra den frafalne kristendommen, drevet av islamittisk og antisemittisk hat.

La oss ta noen eksempler på hvordan denne kombinasjonen blir skapt rett framfor våre øyne. Først av alt har Yasser Arafat alltid sagt at målet med kampen hans var å sette det palestinske flagget på toppen av Jerusalems *minareter og kirker.* Ingen synagoger er tillatt, men kirker var velkomne i Arafats Jerusalem. Dette er veldig viktig.

Fatah-kongressen som ble avholdt i Betlehem i 2009, erklærte at Jerusalem er den «evige hovedstaden til ... den islamske og kristne verden». Her ser vi også en tydelig kombinasjon mellom islam og kristendommen.

EN TRENGSELSTID FOR JAKOB

Under påskehøytiden i Betlehem i 2010 sa den palestinske statsministeren Salam Fayyad: «*Neste år, inshallah* (et muslimsk uttrykk som betyr «hvis Allah vil»), skal vi feire *i Den hellige gravs kirke* i Øst-Jerusalem, den palestinske statens hovedstad.» Enda en gang uttrykker islam enhet med kristendommen imot Israel.

Da Israels statsminister Netanyahu uttalte ved et statsbesøk i USA at «Jerusalem er ikke en bosetting, det er vår hovedstad», ba Saudi Arabia om at EU og USA skulle straffe Israel for sin «arroganse». Dette er et annet eksempel på hvordan islam forgifter den kristne vesten med sitt hat mot Israel og tvinger Vesten til å fullføre islams dagsorden, akkurat som Haman gjorde med kong Ahasverus i Persia.

Det faktum at planen om å skape en palestinsk stat ble kjent under navnet Oslo-avtalene, er ikke en tilfeldighet. De post-kristne skandinaviske landene «fra det ytterste Norden» holder i dag på å alliere seg politisk med islam for å gå mot Israel. Uheldigvis er det slik at kristne ledere ofte står i bresjen for hatkampanjen mot det jødiske folket.

I 2010 kom det en «evangelikalsk» film, som var grunnlagt på erstatningsteologien, og som ble kalt for «Med Gud på vår side». Det var primært et angrep mot amerikansk evangelikal støtte til Israel. Den bønnfaller kristne om å støtte opprettelsen av en islamsk, palestinsk stat ved å spy ut løgner og demonisk hat mot Israel. Det er en tragedie at en gjennomføring av de politiske planene bak denne filmen ville ha vært langt verre for de kristne araberne enn sionismen har vært. Gaza er et tydelig eksempel der de kristne er blitt myrdet etter den israelske tilbaketrekningen i 2005. Djevelen er mester på å bedra, og denne filmen representerer en viktig del i hans dagsorden for endetiden.

Vi nærmer oss et farlig «Gog- og Magog-scenario», slik Skriften fortalte oss om for flere tusen år siden. Det er på tide at vi våker og ber som vektere på Jerusalems murer.

GUDS DOM

Gud er langmodig, men vi kan være sikre på at når Gog- og Magog-krigen bryter ut, vil vi få se hans vrede. «*Men på den samme dag, den dag Gog kommer over Israels land, sier Herren Herren, da skal min harme stige opp i mitt åsyn.*» (Esek 38,18.)

Vær vennlig å legge merke til det Gud sier i Esekiel 35,11 til dem som hater Israel: «Derfor vil jeg, så sant jeg lever, sier Herren Herren, gjøre med deg etter min vrede og etter den misunnelse du har lagt for dagen i ditt hat mot dem [Israel]. *Jeg skal bli kjent blant dem [Israel] når jeg dømmer deg.*» (Min utheving.)

Først av alt legger vi merke til at de som hater Israel, vil høste det de har sådd. For det andre, når Gud dømmer de som hater hans folk, vil han gjøre seg selv kjent blant Israel. Det er nøyaktig det samme budskapet som vi kan finne i Sakarja 12,9-10:

«På den dag *vil jeg søke å ødelegge* alle de hedningefolk som drar opp mot Jerusalem. Men over Davids hus og over *Jerusalems innbyggere vil jeg utgyte nådens og bønnens Ånd*, og de skal skue opp til meg som de har gjennomstunget.» (Min utheving.)

Seieren over de styrkene som angriper Israel, vil føre til at Israel blir frelst. Gjennom denne seieren vil Gud gjøre seg selv kjent for Israel. Det står skrevet i Romerne 2,4 at det er Guds godhet som fører til omvendelse.

Noen sier at vi må be om at det jødiske folket vil omvende seg for å unngå Guds dom. Det finnes noe sannhet i det. Men det profetiske ordet sier også at det er Guds nåde og godhet i de siste tider mot Israel, når han beseirer fiendene deres, som vil føre til at de omvender seg.

Legg merke til det som Gud sier om Gog i Esekiel 38,17, som er sitert ovenfor: «De som spådde i de dager, år etter år, at *jeg ville la deg komme over dem.*» (Min utheving.) Det er Gud som vil føre Gogs hær mot Israel i de siste dager for at hans navn skal bli æret, akkurat som han gjorde da han oppreiste farao i Egypt før utgangen av Egypt for å gi ære til seg selv. Gud har kontrollen. Satan er et skapt vesen, og Gud bruker ham for sin egen plan. Det er grunnen til at han kan sitte i himmelen og le av nasjonene som kommer mot Israel.

«Hvorfor larmer hedningene? Og hvorfor grunner folkene på det som fåfengt er? Jordens konger reiser seg, og fyrster rådslår sammen mot Herren og mot hans salvede. La oss sprenge deres bånd og kaste deres rep av oss! *Han som troner i himmelen, ler. Herren spotter dem.*» (Sal 2,1-4, min utheving.)

For mennesker ser det ut som om det er umulig at Israel kan beseire Irans atomvåpenprogram. I det naturlige finnes det ingen beskyttelse for Israel fra flere titusen raketter som nå er samlet i Libanon, Syria og Gaza mot dem. Men bønn vil utgjøre en forskjell.

Dette er et mektig budskap fra Skriften som kan veilede oss i vår forbønn for Israel når de trues av Iran og deres allierte:

«Ussia hadde en krigsdyktig hær, som drog ut i strid i flokker, mønstret og talt av statsskriveren Jeuel og tilsynsmannen Maaseja, under ledelse av Hananja, en av kongens høvdinger. To tusen seks hundre var det fulle tall på de djerve stridsmenn som var familieoverhoder. Under dem sto en krigshær på tre hundre og sju tusen fem hundre mann, som gjorde krigstjeneste med kraft og mot, og som hjalp kongen mot fienden. Hele denne hær utrustet Ussia med skjold og spyd og hjelmer og brynjer og buer og slyngesteiner. *I Jerusalem fikk han laget krigsmaskiner som var oppfunnet av kloke menn.* De skulle stilles opp på tårnene og murhjørnene til å skyte ut piler og store steiner. Hans navn nådde vidt omkring, for han ble hjulpet på underfull måte, og han fikk stor makt.» (2 Krøn 26,11-14, min utheving.)

BE FOR ISRAELS FRELSE

Akkurat som Jeshua ble urettferdig dømt til døden av en jødisk skinndomstol midt på natten, blir Israel nå behandlet på den samme urettferdige måten av det internasjonale samfunnet. Vi ser at dette er profetert i Torahen da Israels sønner fikk urettferdig behandling rett før de ble gjenforenet med sin bror Josef i Egypt.

«Josef kjente igjen brødrene sine, men de kjente ikke ham. Da mintes Josef det han hadde drømt om dem. Så sa han til dem: Dere er speidere, dere er kommet for å se hvor landet ligger åpent! De sa til ham: Nei, herre, *dine tjenere er kommet for å kjøpe korn.* Vi er alle sønner av en mann. *Vi er ærlige menn, dine tjenere er ikke speidere.* Men han sa: Nei! Dere er kommet for å se hvor landet ligger åpent.» (1 Mos 42,8-12, min utheving.)

Josef behandlet brødrene sine urettferdig for at de skulle omvende seg, fordi de hadde behandlet ham på en urettferdig måte. «De sa seg imellom: Sannelig, vi har skyld på oss for vår bror. Vi så hans sjeleangst da han bønnfalt oss, og vi ville ikke høre. Derfor er denne nød kommet over oss.» (1 Mos 42,21.)

Midt i denne harde og urettferdige behandlingen gråt Josef over brødrene sine, akkurat som Jeshua nå gråter over hvordan hans eget folk blir urettferdig behandlet.

«Ruben tok da til orde og sa til dem: Sa jeg det ikke til dere: Synd ikke mot gutten! Men dere ville ikke høre. Se, derfor kreves nå hans blod. *Men de visste ikke at Josef forstod dette,* for han brukte tolk når han talte med dem. Og *han vendte seg bort fra dem og gråt.* Så kom han tilbake til dem igjen og talte til dem. Han tok Simeon ut av flokken og bandt ham mens de så på.» (1 Mos 42,22-24, min utheving.)

Den urettferdige behandlingen fortsatte og ble enda verre inntil tiden kom da Juda omvendte seg fra dypet av sitt hjerte for det han hadde gjort mot Josef.

«Da gikk Juda fram til ham og sa: Hør meg, herre! Jeg ber deg, la din tjener få tale et ord for min herres ører ... La derfor din tjener bli igjen i guttens sted som trell hos min herre, og la gutten dra hjem med sine brødre. For hvordan skulle jeg kunne dra hjem til min far uten at gutten er med meg? Jeg kunne ikke se på den sorg som kom til å ramme min far. *Da kunne ikke Josef lenger legge bånd på seg.*» (1 Mos 44,18.35; 45,1, min utheving.)

Messias, som er blitt gitt all makt i himmelen og på jorda, vil i sin kjærlighet benytte seg av nasjonenes urettferdige behandling for å føre Israel til dette øyeblikket der de omvender seg fra det de gjorde mot ham for to tusen år siden. Men han vil utmåle en streng dom over nasjonene for det de gjør akkurat nå.

Akkurat som Josefs brødre er ærlige menn som bare ville kjøpe mat, har det jødiske folket vendt tilbake til landet sitt med ærlighet for å overleve og leve. Brødrene var ærlige, bortsett fra i ett spørsmål, og det var hva de hadde gjort i fortiden med sin yngre bror, som var utnevnt til å lede dem.

Det profetisk ordet blir fullbyrdet i minste detalj rett for våre øyne. Tiden for Jakobs trengsel er over oss. Alt handler om Israels frelse og at Guds rike skal komme gjennom hans Messias. «Slik skal dere da be: Fader vår, du som er i himmelen! Helliget vorde ditt navn. Komme ditt rike. Skje din vilje, som i himmelen, så og på jorden.» (Matt 6,9-10.)

«Rop dette ut blant hedningefolkene: Rust dere til en hellig krig! Kall på krigsheltene! La alle stridsmenn stige fram og dra ut! Smi plogskjærene om til sverd og vingårdsknivene til spyd! Han som er veik skal si: Jeg er en helt!»
– Joel 3,14-15

KAPITTEL 7

HARMAGEDDON OG KAMPEN OM SANNHETEN

S laget ved Harmageddon er det siste slaget som vil finne sted når Jeshua vender tilbake. Det er det endelige utfallet av tiden for Jakobs trengsel. Det er viktig å forstå at endetiden primært er en kamp for sannheten. Salme 45,1-6 gir oss et vakkert bilde av Messias som en krigsmann for sannheten.

«Mitt hjerte strømmer over av liflig tale. Jeg sier: Min sang er om en konge. Min tunge er en hurtigskrivers griffel. Du er den fagreste av alle menneskenes barn, nåde er utgytt på dine lepper. Derfor har Gud velsignet deg for evig. Spenn sverdet om livet, du mektige, med din høyhet og din herlighet! *Dra seierrik fram i din herlighet, for sannhets skyld og for rettferdig mildhet! Din høyre hånd skal lære deg fryktinngytende storverk. Dine piler er skarpe – folkene faller under deg – de trenger inn i hjertet på kongens fiender.* Din trone, Gud, står fast for evig og alltid, rettvishets kongestav er ditt rikes kongestav.» (Min utheving.)

Fienden er løgnens far.

95

«Dere har *djevelen* til far, og dere vil gjøre etter deres fars lyster. Han var en drapsmann fra begynnelsen og står ikke i sannheten. For det er ikke sannhet i ham. Når han taler løgn, taler han av sitt eget, for han *er en løgner og løgnens far.*» (Joh 8,44, min utheving.)

Djevelen er en morder og en løgner. «Djevel» betyr «anklager» og «baktaler». Han er en mester i bedrag. Åpenbaringen 12,9 forteller oss at djevelen bedrar hele verden med sine anklager. «Den store drage ble kastet ned, den gamle slange, han som kalles djevelen og Satan han som forfører hele verden.» Satan betyr «motstander». Vår motstander er løgnens far. Antikrist kalles ganske enkelt for «løgneren» i 1. Johannes' brev 2,22.

Det endelige målet med Satans anklager og løgner er å myrde. Åpenbaringen 16,13-16 beskriver det endelige slaget ved Harmageddon og det som fører til at slaget finner sted:

«Og jeg så at det av dragens munn og av dyrets munn og av den falske profetens munn kom ut tre urene ånder som lignet padder. *Det er djevle-ånder som gjør tegn. De går ut til kongene i hele verden for å samle dem til krigen på Guds, Den Allmektiges store dag.* Se, jeg kommer som en tyv! Salig er den som våker og tar vare på sine klær, så han ikke skal gå naken og de skal se hans skam. Og han samlet dem på det sted som på hebraisk heter Harmageddon.» (Min utheving.)

I denne norske oversettelsen står det at djevle-åndene vil gjøre tegn. (I forfatterens engelske oversettelse sto det at demonene vil «utføre mirakuløse tegn», o.a.) En engelsk bokstavelig oversettelse som heter *Young's Literal Translation* oversetter vers 14 på denne måten:

«For de er demoners ånder, som gjør tegn – som går ut til kongene på jorda og hele verden, for å føre dem sammen til kampen på den store dagen til Gud Den Allmektige.»

«Gjøre tegn» er en bokstavelig og bedre oversettelse enn å «utføre mirakuløse tegn». Det greske ordet som er oversatt med «mirakuløse tegn» i forfatterens engelske oversettelse, er *seemeion*. Dette ordet betyr ikke først og fremst mirakel eller under. *Thayer's Greek Lexicon* forteller oss at den primære betydningen av dette ordet er «1. universalt, *det som gjør at en person eller ting er annerledes fra andre og kjent*: Matt 26,48».[9]

Dette er meget informativt. I Matteus 26,48-49 står det:

«Han som forrådte ham, hadde gitt dem et tegn [gresk, *seemeion*] og sagt: Den jeg kysser, han er det. Grip ham! Og han gikk straks bort til Jesus og sa: Vær hilset, rabbi! Og han kysset ham.»

Judas utførte ingen mirakuløse under. Det tegnet som han gjorde, var å markere Jeshua med et kyss for å adskille ham fra de andre slik at han kunne bli arrestert. På samme måte vil de tre demonene i Åpenbaringen 16 gjøre et tegn som betyr at de vil adskille Israel fra resten av verdens nasjoner for å kunne arrestere dem og dømme dem til døden. I dag kan vi se hvordan Israel blir utpekt blant nasjonene som det største problemet og hinderet for verdensfreden og sikkerheten.

De tre demonene i Åpenbaringen 16 vil gå ut til jordas ledere i de siste dagene, og de vil feste en blink på Israel slik at de kan bli rammet av djevelens anklager for at de vil marsjere sammen mot Israel. Det er forbløffende hvor nøyaktig Bibelen er! Dette ble skrevet for to tusen år siden, og det er nøyaktig det som skjer i dag. Bare dette burde være tilstrekkelig til at hvem som helst burde bli en troende.

«Krigen på Guds, Den Allmektiges store dag» vil være en krig for å utslette Israel. I Åpenbaringen 16,15 står det: «Se, jeg kommer som en tyv! Salig er den som våker og tar vare på sine klær, så han ikke skal gå naken og de skal se hans skam.» Vi må være våkne og oppmerksomme på det som pågår i dag slik at vi ikke vil bli overrasket. Mange kristne har ingen anelse om det slaget som faktisk pågår.

---

9 *Thayer's Greek Lexicon*, Electronic Database. Copyright @ 2000, 2003 av Biblesoft, Inc. Alle rettigheter er reservert. Uthevingen er min.

TRE DEMONISKE KREFTER

De tre demoniske åndene, eller demoniske kreftene, som vil gjøre tegn for jordas konger for å utpeke Israel med anklager, er:

- Antisemittisme
- Antisionisme
- Erstatningsteologi

Antisemittisme er «fordommer og hat mot det jødiske folket og/eller ting som er jødiske». Denne ånden blir utløst fra dragens munn, som er Satan selv. «Den store drage ble kastet ned, den gamle slange, han som kalles djevelen og Satan, han som forfører hele verden.» (Åp 12,9.)

Jeshua forklarer hva som er grunnen til Satans eldgamle hat mot jødene i Johannes 4,22: «Dere tilber det dere ikke kjenner. Vi tilber det vi kjenner, for frelsen kommer fra jødene.» Satan har alltid hatet det jødiske folket fordi de er Guds utvalgte instrument for å bringe frelsen til verden. Han vil drepe dem fordi den største velsignelsen som vil komme til verden, fortsatt ligger i framtiden. «For er verden blitt forlikt med Gud ved deres forkastelse, hva annet vil da deres antakelse bli enn liv av døde!» (Rom 11,15.)

Antisemittismen er den eldste og mest langvarige rasismen i verden. Satan, som leder hele verden på villspor, påvirker fortsatt politiske ideologier over hele verden, fra venstre til høyre, med antisemittisme. For åtti år siden var resultatet av dette et Holocaust der en tredjedel av alle jøder i verden ble myrdet. Dette gamle hatet er fortsatt i live i dag, og det forbereder veien for slaget ved Harmageddon.

Den andre demoniske kraften bak det slaget som fører til Harmageddon, er antisionismen. Antisionismen er tanken om at alle land i verden har rett til sitt eget land bortsett fra jødene. Denne ånden blir sluppet løs fra dyrets munn.

I Skriftene blir nasjonenes og deres lederes verdslige, politiske makt beskrevet som dyr. Dyret i Johannes' åpenbaring henviser til den siste verdensherskeren, som kalles for «antikrist».

Ingen politiker – inkludert Ahmadinejad i Iran eller avdøde Yasser Arafat – har noensinne innrømmet at han er antisemittisk eller hater det jødiske folket, siden det er politisk uakseptabelt. Men blant politikerne er antisionisme helt godtatt. Hatet mot det jødiske folket kommer i dag utkledd som antisionisme. Martin Luther King jr. hadde rett da han i 1968 talte ved Harvard University og sa: «Når folk kritiserer sionister, mener de jøder. Du snakker antisemittisme!»[10]

Rabbien ved synagogen i Stockholm sa på et intervju på TV for noen år siden at demonstrasjonene mot Israel aldri ender opp utenfor den israelske ambassaden, men utenfor den jødiske synagogen. Antisionisme er den aksepterte formen for antisemittisme over hele verden i dag.

Den tredje demonen som forfører verden til å angripe Israel, kommer ut fra den falske profetens munn. Denne religiøse formen for jødehat kalles for erstatningsteologi. Erstatningsteologi er læren om at det jødiske folket en gang var Guds folk, men de er blitt erstattet av enten kirken eller muslimene. Den falske profeten peker på en uhellig allianse mellom islam og frafallen kristendom i endetiden.

Antisemittismens, antisionismens og erstatningsteologiens krefter holder på med å samle seg til et siste angrep for å demonisere Israel. De forbereder veien for det siste slaget ved Harmageddon og retter seg mot både jøder og gjenfødte hedningetroende som anerkjenner at vi er blitt skåret ut av det ville oliventreet og blitt innpodet på Israels edle oliventre.

Endetidens kamp for sannheten er over oss. Vi er i en krig, og vi må lære oss hvordan vi kjemper med de våpnene som er mektige for Gud til å bryte ned festningsverker. Vi kan ikke gjøre mye for å forhindre alle løgner og anklager fra å oppstå, akkurat som vi ikke kan unngå den krigen vi står i. Men vi kan og må lære oss å slåss og overvinne dem.

Til syvende og sist tilhører vi den seirende siden. Løgnene vil bli knust når Jeshua vender tilbake.

---

10 Douglas Anthony Cooper, 18. november 2011, «Sorry, Dr. King Did Not Consider You An Enlightened Anti-Zionist. Deal With It», *HuffPost*, http://huffingtonpost.ca/douglas-anthony-cooper/martin-luther-king_b_1091950.html (lastet ned den 26. juni 2017).

«Og jeg så himmelen åpnet – og se: En hvit hest. Og han som sitter på den, heter Trofast og Sannferdig, og *han dømmer og strider med rettferdighet.* Hans øyne er som ildslue. På hans hode er det mange kroner. Han har en innskrift med et navn som ingen kjenner uten han selv. Han er iført en kledning som er dyppet i blod, og hans navn er Guds ord. Hærene i himmelen fulgte ham på hvite hester, kledd i fint lin, hvitt og rent. *Ut av hans munn går det et skarpt sverd, for at han med det skal slå hedningefolkene.* Og han skal styre dem med jernstav. Han tråkker vinpressen med Guds, Den Allmektiges strenge vredes vin. På sin kledning og på sin hofte har han et navn skrevet: Kongenes konge og herrers herre.» (Åp 19,11-16, min utheving.)

Det står her at himmelens hærer vil følge Jeshua og at de er kledd i fint lin, hvitt og rent. Åpenbaringen 17 forklarer dette på en tydeligere måte. Der står det om dyret og de ti kongene som vil følge ham: «Disse skal føre krig mot Lammet. Men Lammet skal seire over dem, fordi han er herrers herre og kongers konge – seire *sammen med dem som er med Lammet, de kalte og de utvalgte og trofaste.*» (Åp 17,14, min utheving.)

Her ser vi at Jeshua vil overvinne dyret sammen med *sine kalte, utvalgte og trofaste etterfølgere.* Vi er kalt til å overvinne fienden sammen med Jeshua.

I den krigen som vi står i, er det viktig at vi forstår to grunnleggende ting: *Først av alt* er det nødvendig at vi utvikler en krigsmentalitet. *For det andre* kjemper du aldri en krig som en soldat alene, men som en hær. Gud krever at vi lærer oss å slåss sammen som en hær i kjærlighet og enhet. Endetidens kamp for sannheten er over oss. Vi må kjempe inntil enden, og vi må kjempe sammen som en hær.

Fienden har erklært krig mot Guds folk, og han vil ikke gi seg før han er bundet og tilintetgjort. Det vil ikke være noen fred før Messias kommer. I Daniel 9,26 står det: «Og inntil enden er det krig.» Engelen sa til Daniel: «Men gå du til din ende! Du skal hvile og stå opp til din lodd *ved dagenes ende.*» (Dan 12,13, min utheving.)

Mot slutten av livet sa Paulus:

> «For jeg blir alt ofret, og tiden for min bortgang forestår. *Jeg har stridd den gode strid, fullendt løpet,* bevart troen. Så ligger nå rettferdighetens krans rede for meg, den som Herren, den rettferdige dommer, skal gi meg på den dag – ja, ikke bare meg, men alle som har elsket hans komme.» (2 Tim 4,6-8, min utheving.)

HISTORIEN BLIR REVIDERT

Den aller farligste og ødeleggende løgnen som rammer Israel i dag, har kanskje å gjøre med en forvrengning og revisjon av historien. I en tale i FN i 2009 sa Israels statsminister Netanyahu frimodig og nøyaktig: «For nesten 62 år siden anerkjente Forente Nasjoner det jødiske folks rett, et eldgammelt folk som er 3500 år gammelt, til *en egen stat i deres forfedres hjemland.*» Han fortsatte med å angripe dem som fornekter Holocaust og tilføyde senere:

> «Innskrevet i muren utenfor denne bygningen er den bibelske visjonen om fred: «Et folk skal ikke lenger løfte sverd mot et annet, og de skal ikke lenger lære å føre krig.» Disse ordene ble uttalt av den jødiske profeten Jesaja for 2800 år siden da *han vandret i mitt land, i min by, på haugene i Judea og gatene i Jerusalem. Vi er ikke fremmede i dette landet. Det er vårt hjemland.*»

Hamas hadde en umiddelbar reaksjon på Netanyahus tale: «Jødene har aldri bodd her. Dette har alltid vært et arabisk land.» Og Jerusalem Post rapporterte om reaksjonen fra de «moderate og fredssøkende» palestinske selvstyremyndighetene. Her er deres offisielle versjon av historien:

> «De palestinske selvstyremyndighetenes øverste islamske dommer, sjeik Tayseer Rajab Tamimi, sa på onsdag at det

101

ikke finnes noen bevis for å støtte påstanden om at jødene noensinne hadde bodd i Jerusalem eller at Templet noensinne hadde eksistert. Tamimi hevdet at israelske arkeologer har «innrømt» at Jerusalem aldri var befolket av jøder. Tamimis kunngjøring kom som et svar på uttalelser som ble gjort tidligere denne uka av statsminister Benjamin Netanyahu, som sa at Jerusalem «er ikke en bosetting», og at «jødene bygde den for 3000 år siden». «Netanyahus påstander er grunnløse og usanne», sa Tamimi, den høyeste religiøse autoriteten i PA. «Jerusalem er en arabisk og islamsk by, og den har alltid vært det.» Tamimi hevdet at alle utgravinger som er utført av Israel etter 1967, ikke har klart «å bevise at jødene hadde en historie eller nærvær i Jerusalem eller at deres angivelige tempel noensinne hadde eksistert». Han fordømte Netanyahu og «alle jødiske rabbier og ekstremistiske organisasjoner» som løgnere på grunn av deres påstand om at Jerusalem var en jødisk by. Tamimi anklaget Israel for å fordreie fakta og forfalske historien «med målet å utslette Jerusalems arabiske og islamske karakter». Han anklaget også Israel for å lansere en kampanje med «etnisk rensning» for å skvise araberne ut av byen. «Ved å vanhellige den hellige plassene, utvise de arabiske innbyggerne og tilintetgjøre hjemmene deres og konfiskere landet deres og bygge bosettinger i Jerusalem, forsøker Israel, med bruk av våpen, å gjøre det til en jødisk by», sa han. «Dette er et flagrant brudd på alle religiøse, juridiske, moralske og menneskelige verdier.»»[11]

Den offisielle palestinske versjonen av historien er først av alt at jødene ikke engang er et folk. De er bare en religion, og en religion

11 Khaled Abu Toameh. «PA Judge: Jews Have No History In Jerusalem», *Jerusalem Post*, 27. august 2009. http://www.jpost.com/servletISatellite? cid=1251145126442&pagename=JPost%2FJPArticle%2FPrinter lastet ned august 2009.

kan aldri hevde retten til en stat, sier de, på tross av det faktum at det finnes 57 nasjoner i verden i dag som kaller seg for muslimske.[12] For det andre påstår de at jødene aldri har bodd i Israels land. De har ingen historie der. Det er denne informasjonen som de gir sine barn.[13] Vi står ovenfor en meget alvorlig kamp om sannheten i Guds ord.

I fredsforhandlingene mellom Arafat og Ehud Barak, som fant sted sommeren i år 2000 ved Camp David med Bill Clinton som vert, tok Clinton opp spørsmålet om Tempelberget. Arafat ropte: «Hvilket tempelberg? Det har aldri vært noe jødisk tempel i Jerusalem!» Så stormet han ut av rommet. PLOs leder Mahmoud Abbas skrev i sin doktoravhandling at han fornektet Holocaust. Det å fornekte Holocaust er en forbrytelse i flere europeiske land.

Etter Fatah-kongressen i Betlehem i august 2009 ble det publisert en offisiell uttalelse som lød: «Jerusalem er den evige hovedstaden for Palestina, den arabiske verden, og den islamske og kristne verden.» Sannheten er at de siste tre tusen årene, har ikke Jerusalem vært hovedstad i noen uavhengig nasjon i verden bortsett fra Israel. Det å prøve å endre det faktumet, vil være en stein som er altfor tung til at noen kan løfte den. «Det skal skje på den dag at jeg vil gjøre Jerusalem til en løftestein for alle folkene. Alle som løfter på den, skal såre seg selv. Ja, alle jordens hedningefolk skal samle seg mot det.» (Sak 12,3.)

Den mest «moderate» av alle palestinske ledere, Salaam Fayad, har uttalt i et offisielt papir som skisserer hans politiske plan for fred, at Jerusalem skal være den palestinske hovedstaden i en palestinsk stat. David Bedein skrev i *Israel National News*:

> «I tilfelle noen undret på om Fayad har gjort en typografisk feil ved å ikke omtale «Øst-Jerusalem» som hovedstaden i en framtidig palestinsk stat, så gjentar han – ti ganger – at han mener Jerusalem, hele Jerusalem. Han

12 Organisasjonen for islams samarbeid (OIC) er en mellomstatlig organisasjon som består av 57 stater. Organisasjonen ønsker å være den muslimske verdens kollektive røst.

13 Se Tillegg: Fra PLOs charter, artikkel 20, som blir undervist på palestinske skoler.

overlater ingenting til fantasien og skriver at den palestinske staten vil «beskytte Jerusalem som den evige hovedstaden for den palestinske staten», for han forsikrer at «Jerusalem er vårt folks religiøse, kulturelle, økonomiske og politiske sentrum. Det er blomsten blant byene og hovedstedenes hovedstad. Den kan ikke være noe annet enn den evige hovedstaden til den framtidige palestinske staten.»»[14]

Djevelen er ute etter å utslette sannheten.

JUDEA OG SAMARIA

Politikere og massemedia henviser ofte til Judea og Samaria, inkludert Øst-Jerusalem, som «okkuperte territorier». Det er et feilaktig uttrykk både historisk og når det gjelder internasjonal lov. Israel erobret disse områdene fra Jordan i en selvforsvarskrig i 1967. Men ingen nasjoner på jorda, bortsett fra Storbritannia og Pakistan – og definitivt ikke FN – anerkjente Jordans krav på Judea og Samaria. Og før det hadde araberne nektet å akseptere FNs resolusjon fra 1947 om å dele Palestina. Det korrekte juridiske uttrykket ifølge internasjonal lov er dermed «omdiskuterte territorier» istedenfor «okkuperte territorier», siden det ikke var noen internasjonalt anerkjent regjering i disse områdene da Israel erobret dem i 1967.

Dessuten hadde det internasjonale samfunnet gjennom Folkeforbundet gitt det jødiske folket et løfte om et hjemland i disse territoriene, noe som ble ratifisert ved San Remo-konferansen i 1920. Dette betyr at de såkalte jødiske bosettingene i disse territoriene ikke er ulovlige, som politikere og massemedia ofte påstår.

14 David Bedein, «Fayyad Is Hardly a Moderate», *Israel National News*, 25. september 2009, https://www.israelnationalnews.com/Articles/Article.aspx/9075 (lastet ned 19. juni 2017).

Den 8. juli 2011 utstedte European Coalition for Israel en pressemelding der de sa:

«Under internasjonal lov er det ulovlig å skyve Israel tilbake til 1967-grensene.

London, 8. juli 2011. Balfourdeklarasjonen, som ble utstedt av den britiske regjeringen i 1917, der det jødiske folket ble lovt et nasjonalhjem, var ikke kvalifisert som internasjonal lov. Men San Remo-resolusjonen fra 1920, der Balfourdeklarasjonen ble innlemmet, gjorde løftet bindende under internasjonal lov. San Remo-deklarasjonen, sammen med artikkel 22 fra Folkeforbundets charter og artikkel 80 i Forente Nasjoners charter, er fortsatt anvendelige i dag. Det å presse Israel til å trekke seg tilbake til 1967-grensene og dele Jerusalem, vil dermed være et alvorlig brudd på internasjonal lov.

Dette var ordene til den internasjonale menneskerettighetsadvokaten Jacques Gauthier, som talte ved en konsultasjon i Underhuset i London på torsdag ... Dr. Gauthier forklarte hvordan Gamlebyen i Jerusalem var lovt til jødene og hvordan det jødiske kravet på deres hovedstad er gyldig under internasjonal lov.»

Det internasjonale samfunnet ignorerer alle fakta som er nevnt ovenfor i sin tilslutning til palestinernes krav om en egen suveren stat på grunnlag av grensene fra 4. juni 1967. Vi er definitivt involvert i en kamp for sannheten.

Bibelen nevner tre spesifikke landtransaksjoner som det jødiske folkets nasjonale forfedre gjennomførte i det området som palestinerne krever for sin stat: Abraham kjøpte Makpelahulen (Hebron) for fire hundre sekel sølv i 1. Mosebok 23. I 1. Mosebok 33 kjøpte Jakob Sikem (Nablus) for fire hundre sølvstykker, og i 2. Samuel 24 kjøpte David Tempelberget i Jerusalem for femti sekel sølv. Skjøtene for disse områdene er omtalt i De hellige skrifter.

I Esekiel 36,1-2 står det om Judea og Samaria:

«Og du, menneskesønn! Profeter om Israels fjell og si: Hør Herrens ord, dere Israels fjell! Så sier Herren Herren: Fordi fienden ropte: Ha, ha! over dere og sa: De evige hauger er blitt vår eiendom!»

«De evige hauger» eller «høye plasser» er en henvisning til de offerplassene der Abrahams, Isaks og Jakobs Gud inngikk en evig pakt med sitt folk og lovte å gi dem landet. Bortsett fra Beer-Sjeba ligger alle disse plassene der patriarkene bygde sine altere, i det området som verdenspressen kaller for «Vestbredden». Disse «høye plassene», slik som Tempelberget i Jerusalem, Betel, Sikem etc., er de plassene som fienden vil kreve for å kunne trosse Gud.

Hillel Fendel skrev i sin artikkel «Jødiske, ikke arabiske røtter i Judea og Samaria» (*Israel National News*, 21. april 2011):

«Området har alltid vært kjent som «Judea og Samaria»

[Den tidligere israelske ambassadøren til USA Yoram] Ettinger bemerker at mange velkjente reisende, historikere og arkeologer i tidligere århundrer henviser til «Judea og Samaria», mens navnet «Vestbredden» kun ble oppfunnet for 60 år siden. Jordan ga området dette navnet da de okkuperte det etter Israels uavhengighetskrig ...

Blant de reisende, historikerne og arkeologene som henviste til Judea og Samaria er H.B. Tristram (*The Land of Israel*, 1865), Mark Twain (*Innocents Abroad*, 1867), R.A. MacAlister og Masterman («Palestine Exploration Fund Quarterly»), A.P. Stanley (*Sinai and Palestine*, 1887), E. Robinson og E. Smith (*Biblical Researches in Palestine*, 1841), C.W. Van de Velde (*Peise durch Syrien und Paletsinea*, 1861), og Felix Bovet (*Voyage en Taire Sainte*, 1864). Til og med *Encyclopedia Britannica* og de offisielle britiske og osmanske dokumentene brukte inntil 1950 navnene Judea og Samaria og ikke Vestbredden.

Landet ble kalt Palestina for å utslette det jødiske nærværet

Ettinger går enda lenger tilbake og sier at navnet «Palestina», som ikke hadde noe å gjøre med et folk siden det ikke eksisterte noe folk ved det navnet, ble gitt til Det hellige land for å kunne utslette landets tidligere navn – Judea – fra manns minne. Romerne, som hadde denne planen, prøvde på samme måten å utslette det jødiske nærværet i Jerusalem ved å gi den det nye navnet Aelia Capitolina.

Araberne kom de siste 150 årene

Når man snakker om «palestinske nasjonale rettigheter», må man samtidig huske, bemerker Ettinger, at de fleste arabere som i dag bor i Israel – hvor som helst mellom Jordanelven og Middelhavet – har sin opprinnelse i en massiv migrasjon i det 19.-20. århundre fra Egypt, Syria, Libanon og andre muslimske land. De antok navnet «palestinere», noe som gir et inntrykk av at de hadde eldgamle røtter i landet.

Bynavnene avslører den sanne historien

Til slutt sier Ettinger at nesten alle arabiske tettsteder i Judea og Samaria har beholdt sine bibelske jødiske navn, og dette bekrefter at de har jødiske røtter. Eksempler på dette er som følger:

• Anata er det bibelske (og moderne) Anatot, stedet der profeten Jeremia bodde.
• Batir er det bibelske (og moderne) Beitar, hovedkvarteret til Bar Kochba, han som var leder for det store opprøret mot Romerriket, som ble slått ned i 135 e.Kr.
• Beit-Hur er det bibelske (og moderne) Beit Horon, stedet der Juda Makkabeeren vant seier over assyrerne.
• Beitin er det bibelske (og moderne) Beit El, en plass der den hellige arken sto og der profeten Samuels domstol var.

- Betlehem er nevnt 44 ganger i Bibelen og er kong Davids fødested.
- Beit Jalla er det bibelske (og moderne) Gilo i det sørlige Jerusalem, der Sankerib reiste sin leir da han beleiret Jerusalem.
- El-Jib er det bibelske (og moderne) Gibeon, Josvas slagmark som er kjent fra da han befalte at sola og månen skulle stå stille (Josva 10,12).
- Jaba er det bibelske (og moderne) Geva, stedet der kong Sauls sønn Jonatan vant seier over filisterne.
- Jenin er det bibelske (og moderne) Ein Ganim, en by innenfor Issakars stamme der det bodde levitter.
- Mukhmas er det bibelske (og moderne) Mikhmash, stedet der Jonatan Makkabeeren bodde og kong Sauls festning lå.
- Seilun er det bibelske (og moderne) Silo, et sted der Josvas tabernakel og den hellige arken sto og der Samuel bodde i sin ungdom.
- Tequa er det bibelske (og moderne) Tekoa, hjembyen til profeten Amos.»

Fra Guds perspektiv er disse områdene definitivt ikke okkuperte territorier når det bor jøder der. Messias selv – som snart skal vende tilbake i kraft og herlighet som kongenes Konge og herrenes Herre for å styre over hele verden i rettferdighet – er veldig tydelig angående dette spørsmålet. Til forskjell fra FN og verdensopinionen kaller han Jerusalem en okkupert by når den er i hedningenes hender og ikke jødenes. Han sa:

«Og Jerusalem skal ligge nedtrådt [okkupert] av hedninger *inntil* hedningefolkenes tider er til ende.» (Luk 21,24, min utheving.)

Gud har forklart oss tydelig hva som vil skje med fienden helt til slutt. «På Israels fjell skal du falle, du og alle dine skarer og de folkeslag som er med deg.» (Esek 39,4.)

DEN APOKALYPTISKE HVITE HESTEN

Det slaget som står foran oss i endetiden, er først og fremst en kamp for sannheten. Det skjer sjelden eller aldri at politikere utfordrer palestinernes revisjonisme av historien. Det er sant at «hele verden ligger i det onde» (1 Joh 5,19). Han er løgnens far, og han forfører hele verden.

Spørsmålet om Jerusalem er ikke noen liten sak, for det handler om hovedstaden i Guds eget rike. Gud sier: «Det er jo jeg som har innsatt min konge på Sion, mitt hellige berg.» (Sal 2,6.) Jeshua sa: «Og Jerusalem skal ligge nedtrådt av hedninger inntil hedninge-folkenes tider er til ende.» (Luk 21,24.) Når Jerusalem er styrt av hedninger, er det en okkupert by ifølge Messias, ikke motsatt. Jeshua er den endelige autoriteten i dette spørsmålet, for han er sannheten.

Den apokalyptiske «hvite hesten» i Johannes' åpenbaring er allerede blitt forløst i stor skala. Akkurat som rytteren på den hvite hesten i Åpenbaringen 19, som kalles for trofast og sannferdig, er Messias, representerer den hvite hesten i kapittel 6 en global forløsning av antikrists planer om en falsk fred grunnlagt på løgner og bedrag.

> «Og jeg så da Lammet åpnet et av de sju segl, og jeg hørte et av de fire livsvesener si som med tordenrøst: Kom! Og jeg så – og se: En hvit hest, og han som satt på den, hadde en bue, og det ble gitt ham en krone, og han drog ut med seier og for å seire.» (Åp 6,1-2.)

Denne rytteren vil erobre med forførelse på alle områder, slik som verdensfred, global oppvarming, religiøs og seksuell toleranse, politikk for å løse rasistiske problemer, spørsmål om sikkerhet etc. Vi må være på vakt og lære oss å kjempe for sannheten.

Ta ikke feil – den hesten som kommer rett etter den hvite hestens falske fred, er alltid den røde krigshesten.

> «Da Lammet åpnet det andre seglet, hørte jeg det andre livsvesen si: Kom! Og en annen hest drog ut, som var rød. Han som satt på den, ble det gitt å ta freden bort fra

jorden, så de skulle slakte hverandre. Og det ble gitt ham et stort sverd.» (V. 3-4.)

Det var det samme scenariet som utspilte seg for 70 år siden da lederen for den frie verden på den tiden, Neville Chamberlain, inngikk fred med Hitler rett før andre verdenskrig. Det er et mønster med satanisk forførelse og falsk fred som alltid fører til krig istedenfor fred. Vi må kjempe for sannheten!

«Og jeg så himmelen åpnet – og se: En hvit hest. Og han som sitter på den, heter Trofast og Sannferdig, og *han dømmer og strider med rettferdighet*. Hans øyne er som ildslue. På hans hode er det mange kroner. Han har en innskrift med et navn som ingen kjenner uten han selv. Han er iført en kledning som er dyppet i blod, og *hans navn er Guds ord*. Hærene i himmelen fulgte ham på hvite hester, kledd i fint lin, hvitt og rent. *Ut av hans munn går det et skarpt sverd, for at han med det skal slå hedningefolkene*. Og han skal styre dem med jernstav. Han tråkker vinpressen med Guds, Den Allmektiges strenge vredes vin. På sin kledning og på sin hofte har han et navn skrevet: Kongenes konge og herrers herre.» (Åp 19,11-16, min utheving.)

Dette er den sanne hvite hesten og dets rytter. Med rettferdighet vil han dømme og føre krig, og hans navn er Guds ord. Ut av hans munn går det et skarpt sverd som han kan slå nasjonene med. For en mektig beskrivelse av vår øverstkommanderende! Vi må lære oss å følge ham. Jakobs trengselstid vil først og fremst være en åndelig kamp over sannheten i Guds ord.

Det er fire ting som vi må gjøre i denne kampen som vi står i:

1. Bli fast grunnfestet i sannheten i Guds ord og forberedt til å gi livene våre for sannheten.
2. Utvikle en krigersk holdning og lære oss å stride sammen i kjærlighet og enhet for sannheten.
3. Trøste Israel, be hver dag med trofasthet om styrke og beskyttelse for Israel og deres ledere.

4. Frimodig proklamere sannheten og advare så mange mennesker som mulig, og da spesielt ledere.

«Det som har vært, er det som skal bli. Det som er hendt, er det som skal hende. Det er intet nytt under solen. Blir det sagt om noe: Se, dette er nytt! – så har det vært til for lenge siden, i svunne tider som var før oss.»
– Predikanten 1,9-10

KAPITTEL 8

HANUKKA OG FRAFALLET

I dette kapitlet skal vi se på det som antagelig er den mest detaljerte historiske parallellen til Jakobs trengselstid og den store trengselen. Det er det som skjer på Makkabeernes tid og deres seier over hæren til Antiokus Epifanes, som jødene feirer hvert år under hanukka-festen.

Skriften advarer oss gjentatte ganger mot et stort frafall fra troen i endetiden, noe som vil forberede veien for anti-messias (antikrist). Hanukka er fortellingen om seier over frafall og lovløshet. Den er derfor veldig viktig for oss i dag siden den gir oss innsikt i det endelige slaget mot anti-messias og Messias' ankomst.

Fortellingen om hanukka er nesten ukjent blant kristne, og allikevel er hanukka historisk sett den mest veldokumenterte av alle bibelske høytider. Den er beskrevet i de historiske utenombibelske bøkene Første og Andre makkabeerbok, men det finnes også henvisninger til den på et antall steder i både De profetiske (GT) og De apostoliske skrifter (NT).

Både Daniel og Sakarja beskriver hanukka profetisk, men det viktigste er at det finnes klare henvisninger til denne fortellingen i alle de viktigste kapitlene i De apostoliske skriftene som handler om den store trengselen, slik som Matteus 24, Markus 13, 2. Tessalonikerne 2 og Åpenbaringen 13. En av de viktigste personene i fortellingen, Antiokus Epifanes, er det klareste bildet vi har i Bibelen på den kommende anti-messias.

I Hebreerne 11,33-38 kan vi finne de menneskene som var involvert i fortellingen om hanukka på listen over trosheltene.

> «Ved tro seiret de over kongeriker, håndhevet rettferdig-het, fikk løfter oppfylt, stoppet gapet på løver, slokket ildens kraft, slapp unna sverdets egg, fikk styrke etter sykdom, ble veldige i krig, fikk fiendens hærer til å vike. Kvinner fikk sine døde igjen ved oppstandelse, men *andre ble pint til døde uten å ta imot utløsning, for at de kunne få del i en bedre oppstandelse.* Andre igjen måtte tåle hån og hudstrykning, ja, lenker og fengsel. *De ble steinet, gjennomsaget, fristet. De døde for sverd. De flakket omkring i saueskinn og geiteskinn, de led nød, hadde trengsel og fikk hård medfart. Verden var dem ikke verd. De streifet omkring i ødemarker og fjelltrakter, og holdt til i grotter og jordhuler.*» (Min utheving.)

Dette er en passende beskrivelse av det som skjedde i fortellingen om hanukka. La oss begynne fra begynnelsen …

I 332 f.Kr. beseiret Aleksander den stores hær den persiske kong Darius III ved Issus. Bare tre år senere hadde Aleksanders raske hær erobret hele den kjente verden fra Europa til India. Aleksanders mentor var Aristoteles, og Aleksander benyttet seg av den greske kulturen for å forene det store riket.

Etter en kort karriere døde Aleksander i en alder av kun 33 år, og riket ble delt mellom de fire generalene hans til fire forskjellige riker. Profeten Daniel profeterte veldig detaljert om alt dette og om de begivenhetene som fulgte senere, flere hundre år før det skjedde. To av supermaktene, de syriske og egyptiske rikene, som i Daniel kapittel 11 kalles for Nordens rike og Sydens rike, ble bitre rivaler, og det lille landet Israel havnet hele tiden midt i konflikten.

I 171 f.Kr. kom Antiokus IV på tronen i Syria (Dan 11,21). Han var en meget ond hersker og var full av stolthet, og han tok navnet Antiokus Theos Epifanes, eller Antiokus Epifanes (som betyr «gud manifestert»). Han jobbet hardt for å «hellenisere» undersåttene ved å tvinge dem til å akseptere den greske kulturen og religionen.

Som et resultat av dette utviklet det seg to partier i Israel. Den første gruppa ville tilpasse seg den greske innflytelsen, mens den andre var fast bestemt på å forbli rene og trofaste mot pakten. Yppersteprestens egen bror var blant hellenistene, og han endret til og med navn fra Jeshua til det greske navnet Jason. Han ga Antiokus bestikkelser for å få hjelp til å bli yppersteprest istedenfor broren, og til slutt drepte han sin egen bror. Det frafallet som er beskrevet i Daniel 11,32, var i full gang. «Dem som synder mot pakten, lokker han til frafall ved glatte ord. Men de av folket som kjenner sin Gud, skal stå fast og holde ut.»

Den frafalne Jason fortsatte med å bygge et gresk gymnas i Jerusalem der mennene opptrådte nakne i overensstemmelse med de greske tradisjonene, og et tempel til den greske guden Fallos. Han skrev også opp Jerusalems innbyggere som statsborgere i Antiokia, Syrias hovedstad.

En enda større fanatisk hellenist ved navn Menelaus ga Antiokus en enda større bestikkelse for å bli yppersteprest istedenfor Jason. Menelaus kom ikke engang fra en familie av prester, og for å kunne betale bestikkelsen, måtte han selge de gyldne karene i Templet.

På denne tiden hadde Antiokus Epifanes fått større ambisjoner, og han satte seg fore å erobre verden og gjenoppvekke hele Aleksanders rike. Han ble til slutt stanset av Rom, og i vrede begynte han å vende seg mot det jødiske folket ved å ødelegge Jerusalem og drepe mange tusen. Daniel hadde profetert og fortalt om nøyaktig hva som skulle skje, nesten 400 år i forveien.

«For skip fra Kittim [Rom] skal komme mot ham. Da blir han motfallen og vender tilbake, og han lar sin vrede gå ut over den hellige pakt. Han kommer tilbake, og gir dem fortrinn som forlater den hellige pakt. Hærer som han sender ut, skal komme og vanhellige helligdommen, den faste borg. De avskaffer det stadige offer og setter opp den ødeleggende styggedommen.» (Dan 11,30-31.)

Den 15. kislev 168 f.Kr. reiste Antiokus Epifanes en statue av Zevs med sitt eget ansikt oppå det hellige alteret i Templet. Ti dager

117

senere, den 25. kislev, Zevs' fødselsdag, ofret han en gris på alteret. Han stenket blodet i Det aller helligste og utøste kjøttsaften over Torahrullene før han skar dem i biter og brente dem. Templet ble omgjort til en helligdom for Zevs. Jeshua og apostlene snakker om Antiokus som det viktigste forbildet på den endelige anti-messias, «den lovløse», som hater Guds lov.

Antiokus fortsatte så med å utstede en dødsdom over alle som overholdt sabbaten, holdt de bibelske lovene om mat, omskar barna sine eller studerte Torahen. Hele familier ble slaktet. Babyer ble hengt rundt mødrenes hals, og de ble kastet ned fra bymurene. Mange tusen ble martyrer for sin tro. En av dem sa før han døde: «Det er godt, når man blir drept av mennesker, å se i håp til Gud om å bli oppreist igjen av ham.» (2 Mak 7,14.) Hebreerne 11,35 beskriver det på denne måten: «Andre ble pint til døde uten å ta imot utløsning, for at de kunne få del i en bedre oppstandelse.»

Disse trosheltene fra fortellingen om hanukka er forbilder for oss i endetiden når vi går inn i Jakobs trengselstid. Jeshua fortalte oss hva som vil skje i de siste tider: «Da skal de overgi dere til trengsel og slå dere i hjel. Og dere skal hates av alle folkeslag for mitt navns skyld. Mange skal da falle fra, og de skal angi hverandre og hate hverandre.» (Matt 24,9-10.)

UTFRIELSEN

Til slutt vil utfrielsen begynne med en rettferdig og gudfryktig far. I Daniel 11,32 står det: «Dem som synder mot pakten, lokker han til frafall ved glatte ord. Men de av folket som kjenner sin Gud, skal stå fast og holde ut.» Eller som det også kan oversettes: «Men det folket som kjenner sin Gud, skal være sterkt og utføre sin gjerning.» (BGO.)

Da Antiokus' soldater kom til den lille byen Modiin, i nærheten av Jerusalem, bygde de et alter for Zevs. Så samlet de sammen hele folket i byen og beordret en prest ved navn Matteus å ofre en gris på det. Matteus nektet. Men en frafallen prest kom fram og utførte styggedommen isteden. I vrede grep Matteus sverdet til den nærmeste syriske soldaten og drepte ham. Så stormet han fram og drepte også den frafalne presten på alteret. I det påfølgende kaoset gjorde de fem sønnene hans det samme, overmannet de andre syriske soldatene og drepte dem alle sammen. Folket flyktet opp i fjellene for å unnfly Antiokus' vrede. Men opprøret spredde seg. Den gamle presten Matteus døde av utmattelse og sykdom etter et år, men Juda, en av de fem sønnene hans, som fikk tilnavnet Makkabeeren eller Hammeren, på grunn av hans militære makt, tok over ledelsen. Etter tre år med voldsomme geriljakriger klarte den lille gruppen under Juda Makkabeeren og brødrene hans å kaste ut de syriske styrkene etter to fantastiske seire i åpne slag.

«Jeg egger dine sønner, Sion, mot dine sønner, Javan. Jeg gjør deg lik en kjempes sverd. Og Herren skal åpenbare seg over dem. Hans pil skal fare ut som lynet. Herren Herren skal støte i basunen og fare fram i stormene fra sør. Herren, hærskarenes Gud skal frelse dem på den dagen. Han skal frelse sitt folk som en hjord.» (Sak 9,13-15.)

Etter seieren vendte de umiddelbart nesa mot Jerusalem for å gjenopprette Templet. Den 25. kislev 165 f.Kr., nøyaktig tre år etter at Templet var blitt vanhelliget, innviet de alteret til Herren igjen. Det var bare tilstrekkelig med olje til at menoraen kunne brenne i en dag, men ifølge tradisjonen skjedde det et mirakel slik at oljen varte i åtte dager inntil de hadde produsert ny olje.

Uansett om dette siste miraklet er sant eller ikke, hadde Den høyeste så absolutt gjort et stort mirakel ved at en liten nasjon hadde overvunnet den tidens supermakt og vunnet seg en uavhengighet som varte i nesten 100 år, slik man pleier å si under hanukka: *Nes gadol hajah sjam.* «Et stort mirakel skjedde der (eller «her» hvis du er i Israel).»

Den mirakuløse seieren ved makkabeerne over de frafalne ugudelige styrkene, tilveiebrakte religiøs frihet for det jødiske folket inntil Messias ble født. Da han ble båret inn i Templet av sine gudfryktige foreldre for å bli frambåret til Herren, ble Haggais profeti fullbyrdet: «Dette siste huset skal få en større herlighet enn det første hadde, sier Herren, hærskarenes Gud.» (Hag 2,9.) Uten hanukka-seieren gjennom de få som sto faste i trofasthet mot Guds ord, kunne dette aldri ha skjedd.

HANUKKAS LEKSER FOR VÅR TID

Makkabeernes offervillige trofasthet mot Gud og hans ord, forberedte veien for Messias' første ankomst. På samme måten er vi kalt til å forberede veien for Messias' andre ankomst. Som jeg allerede har nevnt, henviser man til fortellingen om hanukka i alle de viktigste avsnittene i De apostoliske skrifter som omhandler anti-messias og den store trengsel, slik som Matteus 24, Markus 13, 2. Tessalonikerne 2 og Åpenbaringen 13. Vi som troende har flere viktige lekser å lære fra hanukka:

1. Vi må være klar over det store frafallet fra troen som vil finne sted i de siste dager, akkurat som det skjedde på makka-beernes tid.

   «Mange skal da falle fra, og de skal angi hverandre og hate hverandre. Mange falske profeter skal stå fram, og de skal forføre mange.» (Matt 24,10-11.)

   «La ingen bedra dere på noe vis! For først må frafallet komme, og syndens menneske bli åpenbart, fortapelsens sønn. Han er den som står imot og som opphøyer seg over alt som blir kalt gud eller helligdom, så han setter seg i Guds tempel og utgir seg selv for å være Gud.» (2 Tess 2,3-4.)

2. Vi må være forberedt på forfølgelse, rede til å gi våre liv og regne det som en ære, akkurat som makkabeerne gjorde det.

   «Da skal de overgi dere til trengsel og slå dere i hjel. Og dere skal hates av alle folkeslag for mitt navns skyld.» (Matt 24,9.)

«Kvinner fikk sine døde igjen ved oppstandelse, men andre ble pint til døde uten å ta imot utløsning, for at de kunne få del i en bedre oppstandelse. Andre igjen måtte tåle hån og hudstrykning, ja, lenker og fengsel. De ble steinet, gjennomsaget, fristet. De døde for sverd. De flakket omkring i saueskinn og geiteskinn, de led nød, hadde trengsel og fikk hård medfart. Verden var dem ikke verd. De streifet omkring i ødemarker og fjelltrakter, og holdt til i grotter og jordhuler.» (Heb 11,35-39.)

3. Vi må lære oss å gå mot strømmen og ikke være redde for å være i mindretall. Makkabeernes seier var noen få menneskers seier over mange.

«Frykt ikke, du lille hjord! For det har behaget deres Far å gi dere riket.» (Luk 12,32.)

«Gå derfor ut fra dem og skill dere fra dem, sier Herren, og rør ikke noe urent! Da vil jeg ta imot dere. Jeg skal være deres Far, og dere skal være mine sønner og døtre, sier Herren, Den Allmektige.» (2 Kor 6,17-18.)

4. Vi må forstå hvor viktig familien er. Det var en gudfryktig far og hans fem sønner, det vil si en familie, som snudde opp-ned på hele nasjonen.

«Disse ord som jeg byder deg i dag, skal du gjemme i ditt hjerte. Og du skal innprente dem i dine barn. Du skal tale om dem når du sitter i ditt hus, når du går på veien, når du legger deg, og når du står opp.» (5 Mos 6,6-7.)

«Men jeg og mitt hus, vi vil tjene Herren.» (Jos 24,15.)

5. Vi må lære oss å være sterke mot den samme hedonistiske livsstilen med nakenhet, seksuelle lyster og perversjoner, i

tillegg til alle former for avgudsdyrkelse, som heltene fra hanukka nektet å akseptere.

«Fly hor ... Derfor, mine kjære, vend dere bort fra avgudsdyrkelse.» (1 Kor 6,18, 10,14.)

«Men vi skal skrive til dem at de skal avholde seg fra det som er smittet av avgudene, og fra hor.» (Apg 15,20.)

6. Vi må bevare oss selv usmittet av verden.

«En ren og usmittet gudsdyrkelse for Gud og Faderen er dette: å se til farløse og enker i deres nød, og å holde seg uplettet av verden.» (Jak 1,27.)

«Elsk ikke verden, heller ikke de ting som er i verden! Om noen elsker verden, da er ikke kjærligheten til Faderen i ham. For alt som er i verden, kjødets lyst og øynenes lyst, og hovmodig skryt av det en er og har, er ikke av Faderen, men av verden. Og verden forgår og dens lyst, men den som gjør Guds vilje, blir til evig tid.» (1 Joh 2,15-17.)

7. Vi må være trofaste, ikke bare mot vitnesbyrdet om Jeshua, men også mot Guds bud.

«Dragen ble vred på kvinnen, og drog av sted for å føre krig mot de andre av hennes ætt, mot dem som holder Guds bud og har Jesu vitnesbyrd.» (Åp 12,17.)

«Heri består de helliges tålmodighet, de som holder fast ved Guds bud og Jesu tro.» (Åp 14,12.)

8. Vi må være villige til å stå opp for det vi tror på.

«For den som skammer seg over meg og mine ord i denne utro og syndige slekt, han skal også Menneskesønnen skamme seg ved når han kommer i sin Fars herlighet med de hellige engler.» (Mark 8,38.)

«De har seiret over ham i kraft av Lammets blod og det ord de vitnet. Og de hadde ikke sitt liv kjært, like til døden.» (Åp 12,11.)

LEKSER FOR ISRAEL

Yoram Ettinger har skrevet en liste over flere lekser som Israel kan lære av hanukka-miraklet:

1. Hanukka er den eneste jødiske høytiden som feires til minne av en nasjonal frigjøringskamp for landet Israel. Påsken fant sted i Egypt, *sukkot* (løvhyttefesten) og *sjavuot* (pinsen) skjedde på vei mot Israels land, purim i Persia etc. Hanukka har derfor en spesiell betydning for Israel i dag siden det jødiske folket er tilbake i Israels land igjen.

2. Makkabeerne var en liten minoritet med opprørere. De var politisk ukorrekte, fordømt som «fiender til freden» og «ekstremister». De seiret fordi de var drevet av sine prinsipper, fast bestemte og hadde en holdning om at dette kan vi gjøre. De viste hvordan noen få kan seire over mange, rett over galt, moral over umoral og sannhet over løgner.

3. Makkabeerne ble et eksempel for Amerikas landsfedre, inkludert Paul Revere, Benjamin Franklin, Patrick Henry og de som organiserte Boston Tea Party. De fulgte i fotsporene til Abraham, øverstepresten Pinehas, Josva, Kaleb, kong David og Elia.

4. Makkabeeren Simon – som tok over etter makkabeerne Juda og Jonatan – ga følgende gjensvar til den syrisk-greske keiseren Antiokus: «Vi har ikke okkupert et fremmed land. Vi har ikke styrt over et fremmed land. Vi har frigjort våre

forfedres land fra en fremmed okkupasjon.» (1 Mak 15,33.) Slik svarte Simon Makkabeeren på keiser Antiokus' ultimatum om å avslutte «okkupasjonen» av Jaffa, Jerusalem, Gezer, Ekron og Gaza.

5. Heltene fra påsken og purim hadde ikke noe annet valg enn å kjempe mot sine fiender. Makkabeerne derimot tok et valg om å forkaste fysisk fred som en belønning for åndelig assimilering. De nektet å selge den jødiske historiens vugge. De var villige til å betale en hvilken som helst pris for å beskytte sine verdier og sin arv. Hanukka er et symbol på en seier for overbevisning og røtter over kortsiktig bekvemmelighet og over opportunisme og kynisme, som noen ganger kalles for «realisme» eller «pragmatisme».

Som nevnt tidligere, er Antiokus Epifanes det fremste eksemplet på endetidens antikrist i Skriften. Når antikrists siste slag mot Israel nærmer seg, må vi be om at Israel vil høste visdom av disse leksene fra historien i denne avgjørende trengselstiden for Jakob.

DET SISTE SLAGET

Messias' gjenkomst er beskrevet i Sakarja 9, og der står det at det skjer midt i et slag mellom Sions sønner og Grekenlands sønner, akkurat som i fortellingen om hanukka.

> «Og jeg vil utrydde vognene i Efraim og hestene i Jerusalem. Alle krigsbuer skal skaffes bort, og han skal tale fred til hedningene. Hans herredømme skal nå fra hav til hav og fra elven til jordens ender. For ditt paktsblods skyld vil jeg også fri dine fanger ut av brønnen som det ikke er vann i. Vend tilbake til festningene, dere fanger som har håp! Også i dag forkynner jeg at jeg vil gi dere dobbelt igjen. For jeg spenner Juda som min bue og legger Efraim på buen. Jeg egger dine sønner, Sion, mot dine sønner, Javan. Jeg gjør deg lik en kjempes sverd. Og Herren skal

åpenbare seg over dem. Hans pil skal fare ut som lynet. Herren Herren skal støte i basunen og fare fram i stormene fra sør. Herren, hærskarenes Gud, skal verne dem.» (Sak 9,10-15.)

Profeten Daniel beskrev fortellingen om hanukka med mange detaljer flere hundre år før det skjedde. Men vi vet ifølge Jeshua at det som Daniel skrev, også er en henvisning til endens tid – til Jakobs trengselstid. «Når dere da ser ødeleggelsens styggedom, som profeten Daniel har talt om, stå på det hellige sted – forstå det, enhver som leser! – ... For da skal det bli en trengsel så stor.» (Matt 24,15.21.) Jakobs trengselstid vil ikke bare påvirke Israel, men også alle hedninger som er blitt innpodet i Israels edle oliventre. Må vi få en forståelse for Skriftene og for historien slik at vi kan være forberedt på denne endelige konfrontasjonen mellom lysets og mørkets krefter.

«Da blir han motfallen og vender tilbake, og han lar sin vrede gå ut over den hellige pakt. Han kommer tilbake, og gir dem fortrinn som forlater den hellige pakt. Hærer som han sender ut, skal komme og vanhellige helligdommen, den faste borg. De avskaffer det stadige offer og setter opp den ødeleggende styggedommen. Dem som synder mot pakten, lokker han til frafall ved glatte ord. Men de av folket som kjenner sin Gud, skal stå fast og holde ut. De forstandige i folket skal lære mengden. Og de skal falle for sverd og bål, ved fangenskap og plyndring i mange dager. Mens de ligger under, skal de få en liten hjelp, men mange vil slå seg i lag med dem på skrømt. Noen av de forstandige skal undertrykkes, så de kan bli prøvd og renset og tvettet til endens tid. For ennå dryger det med enden, til den fastsatte tid er inne. Kongen skal gjøre som han vil. Han skal opphøye seg og heve seg over enhver gud, og mot gudenes Gud taler han forferdelige ord. Han skal ha framgang inntil vreden er til ende. For det som er fastsatt, vil bli fullbyrdet ... Han slår opp sine kongelige telt mellom havet og det fagre, hellige fjell.

Men så går det mot slutten med ham, og det er ingen som hjelper ham.» (Dan 11,30-36.45.)

«Og alt som før er skrevet, det er skrevet til lærdom for oss, for at vi skal ha håp ved det tålmod og den trøst som Skriftene gir.» (Rom 15,4.)

«Og fordi lovløsheten tar overhånd, skal kjærligheten bli kald hos de fleste. Men den som holder ut til enden, han skal bli frelst.» (Matt 24,12-13.)

«Og Herrens ord kom til meg, det lød så: Hva ser du, Jeremia? Jeg svarte: Jeg ser en stav av det våkne tre. Da sa Herren til meg: Du så rett. For jeg vil våke over mitt ord, så jeg fullbyrder det.»
— Jeremia 1,11-12

KAPITTEL 9

GUDS ÅRVÅKNE OMSORG

I dette kapitlet skal vi sette søkelyset på Guds årvåkne omsorg for Israel også under Jakobs trengselstid. Dette inkluderer alle dem fra nasjonene som gjennom troen på Messias Jeshua er blitt podet inn i Israel. Vi kan være trygge på at det vil aldri skje noe med oss som er utenfor Guds kontroll. Vi trenger å lære oss å stole på ham. «Selges ikke to spurver for en skilling? Men uten deres Far faller ikke en av dem til jorden. Men endog hårene dere har på hodet, er talt alle sammen. Frykt derfor ikke, dere er mer verd enn mange spurver.» (Matt 10,29-31.)

Det er to årlige bibelske høytider i tillegg til Herrens høytider i 3. Mosebok 23. Det er høytidene hanukka og purim. Begge feires til minne om seier over forsøk på å tilintetgjøre det jødiske folket.

Hanukka feires til minne om seieren over styrkene til den onde greske herskeren Antiokus Epifanes, og purim er en årlig påminnelse om at det persiske riket ikke klarte å utrydde alle jøder. Begge disse høytidene har en betydning for endetiden. Vi leser i Daniels bok at de viktigste personene i fiendens leir i endetiden vil være fyrsten over Persia og fyrsten over Grekenland.

> «Nå må jeg vende tilbake for å kjempe mot Persias fyrste. Når jeg er gått ut, se, da kommer Grekenlands fyrste. Men jeg vil kunngjøre deg hva som er skrevet i sannhetens bok. Det er ikke en eneste som står sterkt med meg mot disse, uten Mikael, han som er fyrste for dere. Og jeg stod

opp for å styrke og verne ham i mederen Darius' første år.» (Dan 10,19-11,1.)

Persia kalles for Iran i dag. Iran representerer styrkene til det fanatiske islam, og fyrsten over Grekenland er Vesten sine styrker og deres globalistiske agenda. Begge disse er svorne fiender til Staten Israel og Guds plan for det jødiske folket.

Det pågår en åndelig kamp i himmelen akkurat nå. Akkurat som Daniels bønner samarbeidet med hærer av engler og ga seier over fyrsten over Persia slik at det jødiske folket fikk vende tilbake til Sion, må vi også be for Israel i dag.

PERSIAS FYRSTE

Yitzchak Rabin, som var statsminister i Israel mellom 1974 og 1977 og mellom 1992 og 1995, erklærte etter den islamske revolusjonen i Iran i 1979 at Iran etterhvert ville bli Israels farligste fiende. Siden 1979 har Iran gått i bresjen for en distinkt islamistisk strategi for å utslette Staten Israel, og dette er annerledes enn den strategien som de arabiske landene førte under fire kriger som de tapte mot Israel. Iran erklærte at grunnen til at araberverdenen tapte alle disse krigene, var fordi de ikke tjente Allah av hele sitt hjerte. De sa også at de ville trenge tålmodighet og en langsiktig strategi for å kunne beseire Israel.

Iran har sakte og metodisk bygget opp sin militære styrke. De islamske lederne i Iran har en klar religiøs og eskatologisk visjon om å forene den muslimske verden, tilintetgjøre Israel og deretter opprette et islamistisk verdensrike. I motsetning til araberverdenen, som har tapt minst fire kriger mot Israel, har den iranske islamske agendaen så langt ikke sett ett eneste nederlag, med et mulig unntak av Israels Operation Cast Lead i Gaza. Dette er en alvorlig utfordring for bønnene våre.

I 1983 var det Iran gjennom Hizbollah som introduserte selvmordsbomber i konflikten i Midtøsten. Det er et uttrykk for dødens og mørkets rike på et nivå som vi så langt ikke har klart å beseire i bønn, og vi har ennå ikke sett toppen på denne bølgen.

Da Israel trakk seg ut av Sør-Libanon i 2000 og Hizbollah tok over kontrollen over området, ble det kalt for den første islamske seieren over Israel etter mer enn 50 år med konflikt. Hizbollah betyr «Allahs parti», og etter den israelske tilbaketrekningen ropte Arafat i Ramallah: «Vi er alle Hizbollah!» Umiddelbart etterpå tok han beslutningen om å starte den andre intifadaen, som brøt ut fire måneder senere.

Det israelske nederlaget i Libanon sommeren 2006 styrket Irans islamistiske agenda enda mer. Både Hamas og Syria ble frimodige da de så at det er mulig å beseire Israel. Begge disse to jobber for tiden febrilsk for å bygge opp et arsenal med våpen med befestninger likt det som Hizbollah hadde i Libanon. Slik forbereder de seg på en ny runde med konflikter med Israel.

Midtøsten endres meget raskt nå, og Irans innflytelse vokser for hver dag som går. For første gang siden den islamistiske revolusjonen i Iran i 1979, fikk to iranske krigsskip seile gjennom Suezkanalen til Middelhavet i februar 2011. Dette åpnet opp en ny front fra vest mot Israel. De to skipene skal være stasjonert i Syria, der Iran har fått tillatelse til å bygge en stor flåtebase.

Denne iranske manøveren var mulig på grunn av det islamske opprøret i Egypt. Krigsskipene fikk først tillatelse til å gå inn i en saudiarabisk havn, og deretter fikk de tillatelse av Egypt til å seile gjennom Suezkanalen til Middelhavet. Israel betrakter disse veldige strategiske omveltningene mot en ny allianse i Midtøsten med stor uro.

Ester ga jødene i Persia en utfrielse for to tusen fem hundre år siden. På den samme måten har Gud latt alle oss få komme inn i riket for en tid som denne for at vi skal stå i gapet foran kongenes Konge og be om Israels frelse.

SLAGET MED AMALEK

Haman, som klekket ut planen om å utrydde jødene i Persia for 2500 år siden, var en av Amaleks etterkommere. Amalek gikk til angrep på Israel da de kom ut fra Egypt. Vi kan lese fortellingen om Amalek i 2. Mosebok 17,8-13:

«Så kom Amalek og stred med Israel i Refidim. Da sa Moses til Josva: Velg oss ut mannskap, dra så av sted og strid mot Amalek! I morgen vil jeg stå øverst på haugen med Guds stav i hånden.

Og Josva gjorde som Moses hadde sagt ham. Han stred mot Amalek. Og Moses, Aron og Hur steg opp øverst på haugen. Da gikk det slik at så lenge Moses holdt sin hånd løftet, hadde Israel overtaket, men når han lot hånden synke, da fikk Amalek overtaket. Men da Moses' hender ble tunge, tok de en stein og la under ham, og han satte seg på den. Og Aron og Hur støttet hans hender, en på hver side. Så holdt hans hender seg støe helt til solen gikk ned. Og Josva slo Amalek og hans folk med sverdets egg.»

Slaget med Amalek er både en åndelig og en fysisk kamp. Så lenge som Moses holdt hendene oppe mot Herrens trone i bønn, klarte israelittene å vinne under Josvas lederskap. Men da han senket hendene sine, vant amalekittene. Dette lærer oss at vi må ta vårt ansvar i denne generasjonen og be om at det jødiske folket vil overleve kampen med Amalek, akkurat som Moses gjorde det.

«Herren sa til Moses: Skriv dette opp i en bok, så dere kommer det i hu, og prent det i Josvas ører! For jeg vil helt utslette minnet om Amalek over hele jorden. Så bygde Moses et alter og kalte det: Herren er mitt banner. Og han sa: En hånd er utrakt fra Herrens trone! *Herren skal stride mot Amalek fra slekt til slekt.*» (2 Mos 17,14-16, min utheving.)

På grunnlag av dette avsnittet sier de jødiske lærde at i alle generasjoner kommer det til å være en Amalek som vil prøve å tilintetgjøre det jødiske folket. Mindre enn ett år etter at Yasser Arafat døde i 2004, ble Mahmoud Ahmadinejad president i Iran og begynte umiddelbart å erklære sin intensjon om å «viske Israel bort fra karter». Dagens islamistiske lederskap i Iran er fortsatt drevet av en apokalyptisk visjon om å forberede veien for den muslimske «messias», som vil erobre verden for islam. En del av denne forberedelsen er å utslette Israel. Vi må fortsette med å be for Israel hver dag i den kampen de står i med fienden. I Salme 94,16 står det:

«Hvem reiser seg for meg mot de onde? Hvem stiller seg fram for meg mot dem som gjør urett?»

Dette er en åndelig kamp, og Paulus sier:

«For øvrig: Bli sterke i Herren og i hans veldige kraft! Ta på dere Guds fulle rustning, så dere kan holde stand mot djevelens listige angrep. For vi har ikke kamp mot kjøtt og blod, men mot maktene, mot myndighetene, mot verdens herskere i dette mørke, mot ondskapens åndehær i himmelrommet.» (Ef 6,10-12.)

Rett før Josva førte Israel inn i Løfteslandet, oppmuntret Moses ham nok en gang: «*Kom i hu det Amalek gjorde mot deg på veien*, da dere drog ut av Egypt, hvordan han kom mot deg på veien mens du var trett og sliten, og slo alle de utmattede i baktroppen som var blitt liggende etter. Han fryktet ikke Gud. Og når Herren din Gud gir deg ro for alle dine fiender rundt om i det landet Herren din Gud gir deg til arv og eie, da skal du utslette minnet om Amalek over hele jorden. *Glem ikke det!*» (5 Mos 25,17-19, min utheving.)

På hebraisk er Josva og Jeshua/Jesus det samme navnet. (Du kan se dette for eksempel i King James-oversettelsen. I Hebreerne 4,8 er navnet Josva oversatt som Jesus. «For hvis Jesus [dvs. Josva Nuns sønn] hadde gitt dem hvile, da ville han ikke etterpå ha snakket om en annen dag.» (KJV.) Til syvende og sist vil Jeshua fra Nasaret vinne kampen mot Amalek når han vender tilbake for å gi Israel hvile.

«Jeg ser ham, men ikke nå. Jeg skuer ham, men ikke nær.
En stjerne stiger opp av Jakob, et spir løfter seg fra Israel.
Han knuser Moabs tinninger og utrydder ufreds-ætten.
Edom blir ham underlagt. Seir, hans fiende, blir ham

underlagt. Stort velde vinner Israel. En hersker går ut fra Jakob, han utrydder dem som har reddet seg inn i byene. Så fikk han se amalekittene. Da begynte han å fremsi sitt kvad: *Det første blant hedningefolkene er Amalek, men til sist skal han gå til grunne.*» (4 Mos 24,17-20, min utheving.)

Å tilintetgjøre Amalek er en del av «arbeidsbeskrivelsen» for Israels konge. Det er grunnen til at Samuel sa følgende til Israels første konge:

«Det var meg Herren sendte for å salve deg til konge over hans folk, over Israel. Så lyd nå Herrens ord! Så sier Herren, hærskarenes Gud: Jeg vil straffe Amalek for det han gjorde mot Israel, at han la seg i veien for ham da han drog opp fra Egypt. Gå nå av sted og slå Amalek! Slå med bann alt det han har. Spar ham ikke.» (1 Sam 15,1-3.)

Saul adlød ikke alt det Gud hadde befalt angående Amalek, og dermed kom Samuel senere og fortalte ham: «Herren har revet kongedømmet ut av din hånd og gitt det til en annen, til David. Fordi du ikke adlød Herrens røst og ikke fullbyrdet hans brennende vrede på Amalek.» (1 Sam 28,17-18.) Inntil Messias kommer må vi være på vakt i bønn for Israel i kampen mot Amalek.

GUDS ÅRVÅKENHET

Det første treet som blomstrer i Israel om våren, er mandeltreet. Det er det første tegnet, som allerede kommer om vinteren, på den kommende våren og det nye livet. Mandler er nevnt første gang i forbindelse med velsignelser fra Løfteslandet.

«Da sa Israel, deres far, til dem: Skal det nå så være, så gjør som jeg sier: Ta med i sekkene noe av det beste landet eier, og bring det som en gave til mannen – litt

balsam og litt honning, krydderier, ladanum, pistasje-
nøtter og mandler.» (1 Mos 43,10.)

Aron ble utvalgt fordi staven hans på en overnaturlig måte hadde
«satt blomster og fått modne mandler» (4 Mos 17,8).
Mandelblomsten er ekstremt vakker og fungerer som dekorasjoner
på menoraen i tabernaklet.

«Det skal være tre mandelformede beger på den første
armen, med knopp og blomst, og tre mandelformede
beger på den andre armen, med knopp og blomst, slik skal
det være på alle de seks armene som går ut fra lysestaken.
På selve lysestaken skal det være fire mandelformede
beger med knopper og blomster.» (2 Mos 25,33-34.)

Det hebraiske ordet for mandel er *sjaked*, og ordet for «å våke»
eller «å påskynde» er *sjoked*. Disse ordene er nesten de samme, og
det er grunnen til at mandeltreet også er et symbol på Guds
trofasthet for å fullbyrde sitt ord.

«Og Herrens ord kom til meg, det lød så: Hva ser du, Jeremia?
Jeg svarte: Jeg ser en stav av det våkne tre [mandeltreet]. Da sa
Herren til meg: Du så rett. For jeg vil våke over mitt ord så jeg
fullbyrder det.» (Jer 1,11-12.)

Senere i Jeremia sier Gud:

«Se, dager kommer, sier Herren, da jeg vil tilså Israels
land og Judas land med menneskers sæd og med dyrs
sæd. *Og likesom jeg har våket over dem for å rykke dem
opp og for å rive og bryte ned og ødelegge og plage dem,
slik vil jeg også våke over dem* [sjoked] *for å bygge og
plante, sier Herren.*» (Jer 31,27-28, min utheving.)

Vitenskapsmenn er forbløffet og rådville over det faktum at
nektaren i den vakre mandelblomsten faktisk produserer en meget
farlig og dødelig gift. Og allikevel er ikke biene skremt av eller

drept av denne giften, men de er isteden tiltrukket av den for å kunne gi mandelblomstene en fordel over de andre trærne.[15]

Det er forbausende at den giften som produseres i den vakre mandelblomsten, er den samme giften som var grunnlaget for den beryktede Zyklon B-gassen som nazistene brukte for å drepe flere millioner jøder i gasskamrene. Er dette bare en tilfeldighet, eller har vi fått en viktig lekse fra Den Allmektige i dette? Er det en tilfeldighet at mandeltreet blomstrer over hele Israel i januar måned akkurat når verden minnes Holocaust på den internasjonale minnedagen for Holocaust i januar hvert år? Det var kun tre år etter Holocaust som nasjonen Israel ble gjenfødt etter to millennier.

Sannheten er det at ingenting er en tilfeldighet når det gjelder Israel. Vi kan være sikre på at uansett hva Satan prøver å gjøre mot Israel, så vil Gud våke over sitt ord og vende det onde rundt for å fullbyrde sine løfter til sitt folk. Halleluja! Men i denne prosessen er vi kalt til å våke i bønn med Den Allmektige Gud. I Salme 127,1 står det: «Dersom Herren ikke bygger huset, arbeider bygningsmennene forgjeves. Dersom Herren ikke vokter byen, våker vekteren forgjeves.»

DEN SÅKALTE FREDSPROSESSEN

Regn er en velsignelse fra Gud, siden Israel er totalt avhengig av regn for å overleve. Da Israel undertegnet Oslo-avtalene i 1993, startet en alvorlig tørke. På samme måte begynte det en tørke umiddelbart etter at Israel opplyste at de skulle trekke seg tilbake fra Gaza. Etter at den nye israelske regjeringen ble dannet under Benjamin Netanyahu i 2009, var det ingen fredsforhandlinger med palestinerne i over ett år. I løpet av denne tiden begynte det atter en gang å falle en overflod av regn over Israel.

Det var hovedsakelig president George Bush sr. som på slutten av 1980-tallet lanserte slagordet «land for fred» for Midtøsten, noe som betydde at Israel måtte oppgi land for å få fred. Men virkelig-

15 Se «The Almond Tree's Secret Weapon», University of Haifa, 28. januar 2010, http://newmedia-eng.haifa.ac.il/?p=2349 (lastet ned 6. september 2011.)

heten har vist at sannheten er nøyaktig motsatt. Enhver bit land som Israel har gitt fra seg siden 1967, er blitt forvandlet til en utskytningsrampe for mer arabisk terror og angrep mot det jødiske folket. Det har ikke produsert fred. Det finnes ikke ett unntak!

Sinaihalvøya, som ble overlevert til Egypt i 1978, har siden den gangen utviklet seg til et farlig territorium og tilflukt for Al-Qaeda og andre terrorgrupper. Israel er nå tvunget til å bygge et avansert sikkerhetsgjerde langs denne grensa. De områdene i Judea og Samaria som Israel ga fra seg til Yasser Arafat på 1990-tallet, ble raskt en base for ubønnhørlige selvmordsangrep mot den jødiske staten inntil Israel rykket inn igjen i 2002 og opprettet veisperringer og bygget et sikkerhetsgjerde. Det sørlige Libanon som Ehud Barak ga bort «for fredens sak» i 2000, er blitt Israels farligste grenseområde. Hizbollah har fullstendig kontroll der. Og Hamas var raske til å ta kontrollen over Gaza da Israel trakk seg ut i 2005. Siden den gangen er tusenvis av raketter blitt skutt fra Gaza mot sivile israelere. «Land for fred» har vist seg å være et falsk konsept. Det er en fiendens løgn.

FARER I NORD

DEBKAfile (www.debka.com) publiserte en rapport i januar 2010 ved navn: «USAs etterretning finner 5000 hizbollaher som trener på å erobre byer i Galilea.» Videre i rapporten står det om «krigsplaner som Iran, Syria, Hizbollah og Hamas har utarbeidet om å sende fem Hizbollah-brigader som feier over grensene for å erobre fem sektorer i Galilea, samtidig som de organiserer et massivt israelsk-arabisk opprør mot den jødiske staten. Hamas vil åpne en andre front i sør og i øst. Syria forventes å gripe inn på et tidspunkt.

Instruktører fra Irans revolusjonære garde ved spesielle treningssentre i nærheten av Teheran er allerede godt i gang med å trene en kadre av 5000 Hizbollah-soldater til spesielle operasjoner og urban kamptaktikk til en standard som tilsvarer den som er vanlig i lignende amerikanske og israelske militære styrker.

I begynnelsen av kurset ble gruppen delt inn i fem bataljoner, og hver av dem fikk en spesifikk sektor i det nordlige Israel som de skulle erobre med detaljer om topografien og befolkningen som de skulle studere.

Teheran-Hizbollahs krigsstrategi er nesten rede for enhver situasjon. Et åpenbart startsignal vil være en israelsk militær-operasjon mot Irans kjernefysiske installasjoner, men når alle deler er på plass, kan de aktiveres av ethvert påskudd som man kan trylle fram i Teheran eller Damaskus.

I de siste ukene har både Hizbollah og deres syriske allierte mobilisert styrkene sine samtidig som de forteller den arabiske verden at den jødiske staten vil angripe Libanon. Hizbollahs leder Hammas Nasrallah drar i tøylene for å få angripe Israel uansett hvilket resultat det blir i krisen om Irans kjernefysiske program. Søndag 17. januar sa han: «Jeg lover dere at i lys av alle trusler som dere hører i dag ... at hvis en ny krig med sionistene bryter ut, vil vi [den libanesiske motstandsbevegelsen] knuse fienden, komme ut på den andre siden i seier og forvandle regionens utseende.» Hvis Gud vil det, er Israel, okkupasjonen, hegemoniet og arrogansen i ferd med å forsvinne.»

Uansett hvor mye fienden prøver å ødelegge Israel, er det sikkert at han vil tape. «*Det første blant hedningefolkene er Amalek, men til sist skal han gå til grunne.*» (4 Mos 24,20.) Guds løfter vil ikke svikte. «Du så rett. For jeg vil våke over mitt ord, så jeg fullbyrder det.» (Jer 1,12.)

Jakobs trengselstid vil slutte med en herlig, ny dag. Guds rike vil bli opprettet over hele jorda ut fra Jerusalem, den store Kongens stad.

«Da knustes på en gang både jernet og leiren, kobberet, sølvet og gullet. Det ble som agner fra treskeplassene om sommeren, vinden tok det så det ikke fantes spor etter det. Men steinen som rammet billedstøtten, ble til et stort fjell som fylte hele jorden.» (Dan 2,35.)

«Jakob kalte stedet Pniel, for, sa han, jeg har sett Gud åsyn til åsyn, og enda berget livet. Og solen rant nettopp som han var kommet forbi Pnuel.» (1 Mos 32,30-31.)

«Og Orpa kysset sin svigermor og sa henne farvel.
Men Rut klynget seg til henne. Da sa hun: Du ser
din svigerinne er vendt tilbake til sitt folk og til sin
gud. Vend nå du og tilbake og følg din svigerinne!
Men Rut sa: Prøv ikke å overtale meg til å forlate
deg og vende tilbake! For dit du går, vil jeg gå, og
hvor du blir, der vil jeg bli. Ditt folk er mitt folk, og
din Gud er min Gud. Hvor du dør, vil jeg dø, og der
vil jeg begraves. Måtte Herren la det gå meg ille
både nå og senere om noe annet enn døden skulle
skille meg fra deg.»
– Rut 1,14-17

KAPITTEL 10

SKJØGEN OG BRUDEN

Ruts bok er en vakker kjærlighetshistorie om en hedensk, moabittisk kvinne som valgte å bli en del av Guds folk. På grunn av henne ble David, Israels konge, født. Ruts bok slutter med disse ordene: «Og Obed fikk sønnen Isai, og Isai fikk sønnen David.»

Under Jakobs trengselstid vil de menneskene fra nasjonene som er Messias sine etterfølgere, og som elsker Guds folk helt til slutten, være Guds instrument for å velsigne Israel, og det vil påskynde gjenkomsten til Davids sønn, Israels Konge, tilbake til Jerusalem.

Ruts bok begynner med en profetisk beskrivelse av Israels fall:

> «I de dager da dommerne styrte, ble det en gang hungersnød i landet. Da drog en mann med sin hustru og sine to sønner av sted fra Betlehem i Juda for å slå seg til for en tid i Moabs land. Mannen hette Elimelek, hans hustru Noomi og hans to sønner Mahlon og Kiljon. De var efratitter – fra Betlehem i Juda. De kom nå til Moabs land og ble der. Så døde Elimelek, Noomis mann, og hun satt igjen med sine to sønner. De tok seg moabittiske hustruer. Den ene hette Orpa og den andre Rut. De ble boende der i om lag ti år. Da døde også begge sønnene, Mahlon og Kiljon. Og kvinnen satt alene igjen etter sine to sønner og sin mann.» (Rut 1,1-5.)

Betlehem betyr «brødhuset» på hebraisk. Elimelek betyr «min Gud er konge». Så her ser vi hvordan «Min Gud er konge» forlater «Brødhuset» på grunn av en hungersnød. Det er et tydelig bilde av en dom. Elimelek og familien hans endte opp i Moabs land der sønnene hans giftet seg med de moabittiske kvinnene Rut og Orpa. Gjennom adspredelsen av Elimeleks familie, ble Rut og Orpa «innpodet» i Guds folk.

Paulus skrev om Israel i Romerne 11,11-12: «Men jeg sier da: Har de snublet for at de skulle falle? Langt derifra! Men ved deres fall er frelsen kommet til hedningene for å vekke Israel til nidkjærhet. Men hvis deres fall er blitt til en rikdom for verden, og er deres fåtallighet blitt til en rikdom for hedningene, hvor meget mer da deres fulltallighet!»

Akkurat som Rut og Orpa er bilder på hedningetroende, er svigermoren deres, Noomi, et bilde på Israel. Selv om Noomi måtte forlate Betlehem, kom det en tid da kun vendte tilbake igjen, akkurat som det jødiske folket har vendt tilbake til hjemlandet sitt i våre dager. På den tiden var både Noomis mann og begge sønnene hennes døde. I det naturlige har hun ingen framtid. Men Rut hadde forstått det Paulus senere skrev i Romerne: «De er jo israelitter. *Dem tilhører ... paktene ... og løftene ...* For jeg sier: Kristus er blitt en tjener for de omskårne for Guds sannferdighets skyld, *for å stadfeste løftene til fedrene.*» (Rom 9,4; 15,8, min utheving.)

Ruts navn betyr «vennskap» på hebraisk. På moderne hebraisk brukes det om soldaters trofasthet mot hverandre i den israelske hæren, at de aldri skal forlate en av sine medsoldater på slagmarken, men å kjempe sammen inntil døden. Rut forsto at på tross av Israels fall, hadde ikke Gud forkastet sin pakt og sine løfter til dem. Så i tro valgte hun å holde seg til Noomi og gå med henne. Det er dette hun fortalte Noomi:

> «Prøv ikke å overtale meg til å forlate deg og vende tilbake! For dit du går, vil jeg gå, og hvor du blir, der vil jeg bli. Ditt folk er mitt folk, og din Gud er min Gud. Hvor du dør, vil jeg dø, og der vil jeg begraves. Måtte Herren la det gå meg ille både nå og senere om noe annet enn døden skulle skille meg fra deg.» (Rut 1,16-17.)

På grunn av sitt vennskap og sin trofasthet mot Israels Gud og hennes jødiske svigermor, ble Rut gift med løseren da alt håp i det naturlige var ute for den messianske avstamningen. På grunn av henne ble kong David, og senere også Messias, den store Davids sønn, født.

Samtidig som Rut er et forbilde på Messias' brud, er Orpa et forbilde på den troløse skjøgen. Navnet hennes kommer fra en hebraisk rot som betyr «hals» eller «nakke». Orpa var i liket med Rut blitt podet inn på Israels familie gjennom en av Noomis sønner, men til slutt vendte hun nakken (ryggen) bort fra svigermoren. I Skriftene er det alltid en forbindelse mellom åndelig hor og tilbedelse av fremmede guder. Orpa forlot ikke bare Noomi men også Noomis Gud, for de to er uadskillelige. Det står så tragisk: «Da sa hun: Du ser din svigerinne [Orpa] er vendt tilbake til sitt folk og til sin gud.»

Rut og Orpa sto i gjeld til Noomi for sin tro, akkurat som Paulus skriver om i Romerne 15,27: «For har hedningene fått del i deres åndelige goder, da er de også skyldige til å tjene dem med de timelige.» Paulus skrev også at frelsen er «kommet til hedningene for å vekke Israel til nidkjærhet». Rut fullbyrdet den guddommelige planen på en vakker måte gjennom sin takknemlighet og vennlighet mot Noomi da hun hadde mistet alt håp, men Orpa falt bort fra Israels Gud. Orpa er et symbol på skjøgen, endetidens frafall og frafallet fra troen.

BLI BRUDEN

Israel og erstatningsteologi vil være skillelinjene mellom skjøgen og bruden i den siste tiden. Akkurat som Noomi vendte tilbake til Løfteslandet igjen, har det jødiske folket kommet tilbake til sine fedres land i vår tid. Vil vi, i likhet med Rut, betale tilbake det vi skylder Israel og stå sammen med dem like til døden, eller vil vi, som Orpa, forlate dem sammen med resten av verden?

Da Noomi vendte tilbake til Betlehem igjen, var hun fylt av bitterhet. «Kall meg ikke Noomi, kall meg Mara! For Den Allmektige har gjort det meget bittert for meg.» (Rut 1,20.) Hun hadde ingen tro. «Vend tilbake, mine døtre! Hvorfor vil dere gå med meg? Har jeg da ennå sønner i mitt liv som dere kunne få til menn?» (Rut 1,11.)

På grunn av sin uselviske tjeneste mot Noomi, kunne Rut provosere svigermoren til tro. Hun jobbet flittig på markene for å ta hånd om svigermoren. Da hele høsten var brakt inn, sa Noomi en dag til Rut: «Min datter, skulle jeg ikke prøve å skaffe deg et hjem, så du kan ha det godt?» (Rut 3,1.) Noomis bitterhet og vantro var borte. Hun hadde kommet til tro, akkurat som Paulus skrev i Romerne 11,25-26: «Forherdelse er for en del kommet over Israel, *inntil hedningens fylde er kommet inn.* Og slik skal hele Israel bli frelst.» (Min utheving.)

Etter at Noomi hadde kommet til tro, begynte hun å gi Rut instruksjoner om folkets tradisjoner. På grunn av den rike utdannelsen som Rut fikk fra Noomi, ble hun løserens brud. «Hun svarte: *Jeg skal gjøre alt det du sier.* Så gikk hun ned til treskeplassen [for å vente på brudgommen] og *gjorde slik som svigermoren hadde pålagt henne.*» (Rut 3,5-6, min utheving.)

Noomis instruksjoner til Rut handler om Torahen. Boas kunne ikke godkjenne Ruts hedenske tradisjoner selv om troen hennes allerede hadde grepet ham i hjertet. Først måtte hun lytte på Noomis instruksjoner. På samme måte må vi i våre dager vende tilbake til den rike åndelige arven fra Israel og Torahen, hvis vi vil bli bruden og bli rede for brudgommen.

Vi må huske at vi ikke skal gifte oss med en hedensk Kristus, men Israels Messias. Vår Frelser er en jøde som trofast holdt seg til Torahen, og han «er i går og i dag den samme, ja til evig tid» (Heb 13,8). «Hør, datter! Gi akt og vend ditt øre til. Glem ditt folk og din fars hus, og la kongen ha sin lyst i din skjønnhet. For han er din herre og du skal falle ned for ham.» (Sal 45,10-11.)

Det mest merkverdige med Ruts bok er at det var en hedning som reddet den messianske avstamningen, akkurat som Paulus skrev i Romerne 11,31: «Men ved den miskunnhet dere [hedningene] har fått, skal også de [Israel] få miskunn.» Dagens hedningetroende har nøkkelen til Israels frelse. Vil vi reise oss til den utfordringen som ligger foran oss og følge i Ruts fotspor mens vi forstår at vi har et kall som er koblet til Guds løfter til Israel?

DAGENS KRISE I MIDTØSTEN

Hele verden har bestemt seg for at Israel må gi fra seg halvparten av den gudgitte arven til sine verste fiender for å få fred. Akkurat som Orpa og Rut på vei mot Løfteslandet, er de hedningene som tror på Messias, ved en korsvei i dag. Hvilken side skal vi innta i konflikten? Det er en beslutning mellom skjøgen og bruden. Skjøgen nekter Israel løftene. Bruden forstår at hun ikke har noen framtid utenfor Israel fordi paktene og løftene tilhører dem.

I dag er det mye snakk om enhet i menigheten. I Europa finnes det en sterk økumenisk bevegelse, spesielt blant karismatikere og pinsevenner – så merkelig som det kan høres ut – å forene alle troende under lederskapet til paven i Roma. De lærer at han sitter på apostelen Peters stol og er derfor kirkens rettmessige leder.

Vi må vokte oss, for dette er en falsk bevegelse. Paven har gjentatte ganger understreket at Det hellige land må deles og halvparten av det må bli en muslimsk palestinsk stat. Gud vil definitivt ikke at Messias sin brud skal forenes under lederskapet til en leder som fornekter hans paktsfolk deres løfter. Dette er Orpas kirke, skjøgen. Gud sier veldig tydelig:

> «Dra ikke i fremmed åk med vantro! For hva delaktighet har rettferd med urett? Eller hva samfunn har lys med mørke? Og hva samklang er det mellom Kristus og Belial? Eller hva samfunn har en troende med en vantro? Og hva enighet er det mellom Guds tempel og avguder? Vi er jo den levende Guds tempel, som Gud har sagt: Jeg vil bo hos dem og ferdes iblant dem, jeg vil være deres Gud og de skal være mitt folk. Gå derfor ut fra dem og skill dere fra dem, sier Herren, og rør ikke noe urent! Da vil jeg ta imot dere. Jeg skal være deres far, og dere skal være mine sønner og døtre, sier Herren, Den Allmektige.»
> (2 Kor 6,14-18.)

JERUSALEM TILHØRER DET JØDISKE FOLKET

Vi er kalt til å være vektere på Jerusalems murer inntil Jerusalem blir en lovsang på jorda når Jeshua vender tilbake. Når verdens nasjoner vil dele Guds egen by og gjøre det bibelske Jerusalem til en hovedstad i en muslimsk stat, må vi stå opp for rettferdigheten.

- Jerusalem er nevnt nesten 1000 ganger i Bibelen. Den er ikke nevnt en eneste gang i Koranen.
- Gudfryktige jøder har, som Daniel, alltid vendt seg mot Jerusalem i bønn. Muslimer vender seg alltid mot Mekka.
- I Jerusalem snur jøder som ber, seg mot den plassen der Gud har valgt å sette sitt navn. Muslimer i Al-Aqsa-moskeen snur ryggen til denne plassen når de ber mot Mekka.
- Troende jøder nevner Jerusalem 21 ganger i sine bønner til Gud hver dag. Muslimske bønner nevner aldri byen.
- Kong David, mannen etter Guds eget hjerte, gjorde Jerusalem til Israels evige hovedstad mer enn 1600 år før det eksisterte noen muslimer. Jerusalem har aldri vært hovedstad i noen muslimsk stat.

Både ifølge historiske og religiøse rettigheter tilhører Jerusalem det jødiske folket.

I dag finnes det en voksende bevegelse blant kristne om å be for fred og velstand for Jerusalem. Det er definitivt et verk av Den Hellige Ånd. Men det er uheldigvis slik at mange kristne ikke har et solid grunnlag i Skriften for å be for Guds egen by. To tusen år med erstatningsteologi har tilslørt våre tanker og frarøvet oss den sanne bibelske visjonen som vi trenger for å kunne be for Jerusalem. Det er en skam at kristne for eksempel i det store og hele ikke ser noen verdi i Templet på tross av at det står skrevet om Jeshua: «Nidkjærhet for ditt hus skal fortære meg.» (Joh 2,17.) Han halte det hellige Templet for «min Fars hus» (Joh 2,16; Luk 2,49). Det var blitt utformet av Den Hellige Ånd (se 1 Krøn 28,12-19).

Vi kan ikke ta et standpunkt for Jerusalem ene og alene på et politisk grunnlag eller på grunn av sympati med det jødiske folket. Vi må forstå at Jerusalem er Guds by og har alltid vært i hjertet av hans planer for forløsning for menneskeheten. Det er det endelige bestemmelsesstedet og hvilestedet for hans Sønn, vår forløser og Konge.

> «Se, du skal bli med barn og føde en sønn, og du skal gi ham navnet Jeshua. Han skal være stor og kalles Den Høyestes Sønn. *Gud Herren skal gi ham hans far Davids trone [i Jerusalem], og han skal være konge over Jakobs hus til evig tid*, og det skal ikke være ende på hans kongedømme.» (Luk 1,31-33, min utheving.)

«Jeg hørte en som talte til meg ut fra huset, mens en mann stod ved siden av meg. Han sa til meg: Menneskesønn! Dette er stedet for min trone, det sted hvor mine føtter skal stå. Der vil jeg bo blant Israels barn til evig tid.» (Esek 43,6-7.)

Vi oppmuntrer alle til å la denne eldgamle, jødiske, bibelske bønnen nedenfor bli en del av dine daglige påkallelser og smertelige bønner for Jerusalem, Guds hellige berg. Som en «Rut», en hedning som tror på Jeshua Messias, kan vi slutte oss til «Noomi», Israel, som en trofast forbeder på Jerusalems murer.

> «Vend tilbake i barmhjertighet til Jerusalem, din by, og bo i den som du har lovt. Gjenoppbygg den snart i våre dager som en evig bygning, og reis opp Davids trone i den i hast. Velsignet er du, å Herre, som gjenoppbygger Jerusalem.»[16]

> «Må du raskt la din tjener, Davids etterkommer, Jeshua Messias, få blomstre, og la hans horn være opphøyet ved

---

16 Fra bønnen «*Amidah*» i den tradisjonelle jødiske bønneboka. Sammenlign med Apg 3,20-22, Luk 1,30-33, Heb 11,10, Åp 21,2-3 etc.

din frelsende kraft, for vi venter hele dagen på din frelse.
Velsignet er du, å Herre, som lar frelsen blomstre.»[17]
Etter hvert måltid når vi velsigner Gud for den maten vi har spist
(se 5 Mos 8,10), bør vi ta med følgende bønn:

> «Vi takker deg, å Herre, vår Gud, for den arven du ga
> våre fedre: Et behagelig, godt og romslig land, pakten og
> Torahen og brød til tilfredsstillelse. Velsignet er du, å
> Herre, for landet og for ernæring.

> «Ha derfor medlidenhet, å Herre vår Gud, mot Israel ditt
> folk, mot Jerusalem din by, mot Sion, din herlighets bolig,
> og mot riket til Davids hus, din salvede. Gjenoppbygg
> Jerusalem, den hellige byen, raskt i våre dager. Velsignet
> er du, å Herre, som i medlidenhet gjenoppbygger
> Jerusalem. Amen.»[18]

I det nittende århundre komponerte den messianske rabbien
Yechiel Tzvi Lichtenstein (1831-1912) den følgende bevegende
bønnen om Sions gjenopprettelse:

> «Å Herre, i overensstemmelse med alle dine rettferdige
> gjerninger, la din vrede og sinne vendes bort fra vår by,
> Jerusalem, ditt hellige fjell. Vår Far, vår Konge, løft opp
> et banner for folkene om å la Israel vende tilbake til sine
> marker. Samle oss sammen fra jordas fire hjørner til vårt
> land, og plant oss innenfor våre grenser på ditt arvs berg.
> Før oss til Sion, din by, med sang og til Jerusalem, din
> hellige by, med evig glede. Bygg den i din medlidenhet,
> og la den forbli opphøyet og bebodd på sitt sted.
> Grunnlegg ditt hellige tempel i den, og gi oss glede i ditt
> bønnehus. La ditt dvelende nærvær vende tilbake til Sion,
> din by, og send oss Jeshua, vår Messias, for andre gang.
> La ham regjere på Davids trone i Jerusalem, din hellige

17 Ibid., sammenlign Sak 12,10, Matt 23,37-39, Sak 14,3, Åp 19,11-16
etc.
18 Fra bønnen «*Birkat HaMazon*» i den tradisjonelle jødiske bønneboka.

by. Løft opp frelsens horn for ditt folk Israel i Davids, din tjeners hus – frelse fra våre fiender og fra hånden til alle som hater oss, akkurat som du har talt gjennom dine profeter. Å Herre, hør! Å Herre, tilgi! Å Herre, lytt og handle! Vent ikke, for din egen skyld, å Gud, for ditt navn er oppkalt på din by og på ditt folk. Skynd deg, HaSjem, å hjelpe oss! Forløs ditt folk Israel fra alle sine misgjerninger og fra alle sine problemer, for tiden til å være nådig har kommet, for den fastsatte tiden har kommet. Amen!»[19]

Under Jakobs trengselstid vil Messias sin brud stå fram i nasjonene og stå sammen med Israel. Kongen vil vende tilbake til Jerusalem med frelse.

«Hvor fagre er på fjellene hans føtter som kommer med gledesbud, som forkynner fred, som bærer godt budskap, som forkynner frelse, som sier til Sion: Din Gud regjerer! Hør! Dine vektere løfter røsten, de jubler alle sammen. For like for sine øyne ser de at Herren vender tilbake til Sion. Bryt ut i jubel alle sammen, dere Jerusalems ruiner! For Herren trøster sitt folk, han gjenløser Jerusalem. Herren avdekker sin hellige arm for alle folkenes øyne, og alle jordens ender får se vår Guds frelse.» (Jes 52,7-10.)

19 R. Yechiel Tzvi Lichtenstein, «Prayer for the Restoration of Zion», oversatt og publisert av Vine of David (Marshfield, MO, 2011, www.vineofdavid.org). Brukt med tillatelse. Opprinnelig publisert på hebraisk i *Edut Leyisrael*, 1:1, (tisjrei 5646 [1887]), 7-8. Bønnen er basert på sitater fra 2. Mosebok, Jeremia, Sakarja, Daniel, Salmene, Lukas og jødisk liturgi.

«For mine øyne har sett din frelse, som du har beredt for alle folks åsyn, et lys til åpenbaring for hedningene, og en herlighet for ditt folk Israel.»
– Lukas 2,30-32

KAPITTEL 11

DEN KOMMENDE HERLIGHETEN

Da Jeshuas foreldre fremstilte ham for Herren i Templet i Jerusalem i overensstemmelse med Moses' Torah, tok den gamle, rettferdige mannen Simeon ham opp i sine armer og profeterte:

«Herre, nå kan du la din tjener fare herfra i fred, etter ditt ord, for mine øyne har sett din frelse, som du har beredt for alle folks åsyn, et lys til åpenbaring for hedningene, og en herlighet for ditt folk Israel.» (Lukas 2,29-32.)

I to tusen år har Jeshua vært et lys til åpenbaring for hedningene. Akkurat som denne første halvdelen av Simeons profeti er blitt oppfylt, vil den andre halvdelen også bli fullbyrdet. Tiden skal komme når Jeshua fra Nasaret også vil være en herlighet for sitt folk Israel.

Simeon fortsatte med å forklare: «Denne er satt til fall og oppreisning for mange i Israel.» (Luk 2,34.) Uttrykket «mange» blir ofte brukt av profetene i betydningen «generelt». Jeshua ble til fall for Israel da han kom den første gangen, slik det sto skrevet om ham: «En snublestein og en klippe til fall.» (1 Pet 2,8, 2011.)

Ved sitt andre komme vil Jeshua være til oppreisning for Israel. Han kommer til å være en herlighet for sitt folk. Paulus skrev om Israel i Romerne: «Men hvis deres fall er blitt til en rikdom for verden, og er deres fåtallighet blitt til en rikdom for hedningene, hvor meget mer da deres fulltallighet!»

William L. Shirers berømte bok om Nazi-Tyskland heter *The Rise and Fall of the Third Reich*. Mange mektige riker har vokst opp gjennom historien. Før eller senere har alle sammen falt. Verdens riker vokser opp og faller. Israel er bestemt til at de skal *først* falle og så reise seg gjennom Messias. Daniel profeterte til kong Nebukadnesar:

«Og i disse kongers dager vil himmelens Gud opprette et rike som i all evighet ikke skal ødelegges. Dette riket skal ikke bli overgitt til noe annet folk. Det skal knuse og gjøre ende på alle de andre rikene, men selv skal det stå fast i evighet.» (Dan 2,44.)

I den siste samtalen mellom Jeshua og disiplene hans, spurte de ham: «Herre, er det på den tiden du vil gjenreise riket for Israel?» (Apg 1,6.) Før de stilte dette siste spørsmålet til sin Mester, hadde de nettopp tilbrakt 40 dager da han underviste dem om Guds rike (v. 3). De hadde fått en solid og grundig bibelsk utdannelse om Guds rike av Israels Messias etter at han var stått opp fra de døde. De visste hvem han var, og de visste hva han hadde lovt at han skulle gjøre.

Disiplenes siste spørsmål hadde å gjøre med tiden for den kommende gjenopprettelsen av Israels rike. Jeshua svarte dem på følgende måte:

«Han sa til dem: Det er ikke deres sak å vite *tider eller timer* som Faderen har fastsatt av sin egen makt. Men dere skal få kraft idet Den Hellige Ånd kommer over dere. Og dere skal være mine vitner både i Jerusalem og i hele Judea og Samaria og like til jordens ende. Da han hadde sagt dette, ble han løftet opp mens de så på, og en sky tok ham bort fra deres øyne.» (Apg 1,7-9, min utheving.)

Den hellige teksten fortsetter:

«Mens de stod der og stirret opp mot himmelen idet han for bort, se, da stod to menn i hvite klær hos dem, og de sa: Galileiske menn! Hvorfor står dere og ser opp mot himmelen? Denne Jesus, som er tatt opp fra dere til himmelen, skal komme igjen på samme måten som dere så ham fare opp til himmelen.» (Apg 1,10-11.)

To kapitler senere forklarer Peter for jødene i Templet i Jerusalem om Jeshua:

«Ham som himmelen skal huse inntil de tider da alt det blir gjenopprettet som Gud har talt om ved sine hellige profeters munn fra eldgamle dager av. Moses har jo sagt: En profet, likesom meg, skal Herren deres Gud oppreise dere av deres brødre. Ham skal dere høre på i alt han sier dere ... Dere er barn av profetene og av den pakt som Gud gjorde med våre fedre, da han sa til Abraham: Og i din ætt skal alle jordens slekter velsignes.» (Apg 3,21-22.25.)

Apostlene kjente ikke tiden eller datoen, men de visste at han kom tilbake for å gjenopprette riket for Israel akkurat som alle profetene hadde talt om. Jeshua kom ikke for å frata Israel løftene og gi dem til menigheten. Isteden kom han for å *bekrefte* dem. Paulus skrev:

«For jeg sier: Kristus er blitt en tjener for de omskårne for Guds sannferdighets skyld, *for å stadfeste løftene til fedrene.*» (Rom 15,8, min utheving.)

Jeshua vil vende tilbake for å gjenopprette riket for Israel. En dag vil han være en herlighet for for sitt folk Israel. Guds løfter vil ikke slå feil. De kan ikke endres, og de kan ikke svikte. Messias sitt blod har forseglet alle løfter som ble gitt til fedrene.

GUDS TROFASTE KJÆRLIGHET BLE LOVT TIL DAVID

Da engelen Gabriel fortalte moren Miriam om at Jeshua ville bli født, sa han:

«Se, du skal bli med barn og føde en sønn, og du skal gi ham navnet Jeshua. Han skal være stor og skal kalles Den Høyestes Sønn. Gud Herren skal gi ham hans far Davids trone, og han skal være konge over Jakobs hus til evig tid, og det skal ikke være ende på hans kongedømme.» (Luk 1,31-33.)

Kong David hadde aldri noen trone i himmelen. Hans trone var i Jerusalem. Gud vil en dag gi Jeshua hans far Davids trone. Det er bestemt at han skal regjere på den tronen i all evighet.

Blant de siste ordene som Jeshua sier i Bibelen, kan vi lese: «Jeg er Davids rotskudd og ætt, den klare morgenstjerne … Ja, jeg kommer snart.» (Åp 22,16.20.)

Jeshua vil at vi skal vite at han vil vende tilbake som Davids sønn, Israels Konge. Gud lovte David at en av etterkommerne hans en dag ville sitte på tronen og regjere i all evighet.

«Og nå forkynner Herren deg at Herren vil bygge deg et hus. Når dine dagers tall blir fullt, og du hviler hos dine fedre, da vil jeg etter deg oppreise din sønn som skal utgå av ditt liv, og jeg vil grunnfeste hans kongedømme. Han skal bygge et hus for mitt navn, og jeg vil trygge hans kongetrone til evig tid.» (2 Sam 7,11-13.)

Salme 132 erklærte at Gud bekreftet sitt løfte til David med en ed. Det er en sikker ed som han aldri vil tilbakekalle. «Herren har sverget David en ed i sannhet, han vil ikke gå fra den: Av ditt livs frukt vil jeg sette konger på din trone.» (Sal 132,11.)

Da det virket som om alt håp var borte og Davids telt lå i ruiner uten noen som styrte på tronen i Jerusalem, husket Gud sitt løfte, akkurat som profeten Jesaja hadde forutsagt: «Men en kvist skal skyte fram av Isais stubb, og et skudd fra hans røtter skal bære frukt … Han skjøt opp som en kvist for hans åsyn, som et rotskudd av tørr jord.» (Jes 11,1; 53,2.)

Paulus henviste til løftet til David i talen i synagogen i det pisidiske Antiokia under den første misjonsreisa:

«Og vi forkynner dere evangeliet om det løftet som ble gitt til fedrene. Dette har Gud oppfylt for oss, deres barn, da han oppreiste Jesus. Slik står det jo skrevet i den annen salme: Du er min Sønn, jeg har født deg i dag. Men at han har oppreist ham fra de døde, så han ikke mer skal vende tilbake til tilintetgjørelsen, det har han sagt slik: Jeg vil gi dere de hellige løfter til David, de trofaste.» (Apg 13,32-34.)

For at han skulle kunne sitte på Davids trone for evig, måtte Jeshua først motta udødelighet ved å bli oppreist fra de døde. Det var den eneste måten som det løftet kunne bli oppfylt på. Etter sin oppstandelse ble han tatt opp til himmelen, der han venter på det øyeblikket da han vil vende tilbake for å innta sin trone i Jerusalem. Det løftet som ble gitt til David, vil bli fullbyrdet.

Gud sier til Israel i Jesaja: «Vend øret hit og kom til meg, hør meg, slik at deres sjel kan leve. Jeg vil inngå en evig pakt med dere, min trofaste kjærlighet som er lovt til David.» (Jes 55,3, NIV.)

Her sier Gud at løftet til David var «min trofaste kjærlighet som er lovt til David». Han mener det han sier, og han sier det han mener. Det kan være bra å åndeliggjøre det løftet som ble gitt til David, og applisere det på forskjellige måter, men det er *ikke* OK å ta bort den enkle, bokstavelige betydningen av løftet. Det er et brudd på Guds karakter.

Jerusalem vil bli gjenopprettet akkurat som profetene fra gammel tid har talt. Når Jeshua vender tilbake, vil byen bli «en lovsang på jorden» (Jes 62,7). Den vil bli verdens herlige hovedstad. «På den tid skal hedningefolkene søke til Isais rotskudd, som står som et banner for folkeslag. Og hans bolig skal være herlighet.» (Jes 11,10.)

Jeshuas «bolig» er hans trone i Jerusalem, den store Kongens stad, der «han skal være konge over Jakobs hus til evig tid» (Luk 1,33). På den tiden skal hele jorda bli fornyet.

«Jesus sa til dem: Sannelig sier jeg dere: I gjenfødelsen – når Menneskesønnen sitter på sin herlighets trone – da skal også dere

som har fulgt meg, sitte på tolv troner og dømme Israels tolv
stammer.» (Matt 19,28.)

Amplified Bible gir oss et klarere bilde av dette verset:

«Jesus sa til dem: Sannelig sier jeg dere, *i den nye
tidsalderen [verdens messianske gjenfødelse], når
Menneskesønnen skal sitte ned på sin herlighets trone,*
skal dere som er [blitt mine disipler, stått på mitt partis
side og] fulgt meg også få sitte på tolv troner og dømme
de tolv stammene i Israel.» (Min utheving.)

Det ordet i den greske teksten som er oversatt med «gjenfødelsen»
(*paliggenesia*), betyr «født på nytt». Hele jorda vil bokstavelig talt
bli født på nytt inn i Guds rike. De foregående versene i Jesaja 11
forklarer dette:

«Da skal ulven bo sammen med lammet, og leoparden
legge seg hos kjeet. Kalven og den unge løven og gjøfeet
skal holde seg sammen, og en liten gutt skal gjete dem.
Ku og bjørn skal beite sammen, og deres unger legger seg
ned sammen. Løven skal ete halm som oksen. Diebarnet
skal leke ved hoggormens hule, og det avvendte barn skal
rekke sin hånd ut over basiliskens hull. Ingen skal gjøre
noe ondt og ingen ødelegge noe på hele mitt hellige berg.
For jorden er full av Herrens kunnskap, likesom vannet
dekker havets bunn. På den tid skal hedningefolkene søke
til Isais rotskudd, som står som et banner for folkeslag.
Og hans bolig skal være herlighet.» (Jes 11,6-10.)

Det er ikke rart at trærne og markene skal synge av glede når
Jeshua kommer for å dømme verden i rettferdighet og gjenopprette
riket for Israel.

«La himmelen glede seg og jorden fryde seg, la havet
bruse og alt det som fyller det! *La marken fryde seg og alt
det som er på den! Da jubler alle trær i skogen for
Herrens åsyn! For han kommer! Ja, han kommer for å*

dømme jorderike. Han skal dømme verden med rettferdighet og folkene med trofasthet.» (Sal 96,11-13, min utheving.)

Og Gud forteller alle nasjoner at de skal glede seg over Israel.

«Dere hedninger, pris han folk! For han hevner sine tjeneres blod. Over sine fiender fører han hevn og han gjør soning for sitt land, for sitt folk.» (5 Mos 32,43.)

Sannheten er det at uten en gjenopprettelse av Israel ved Messias når alt skal gjenopprettes, finnes det ingen framtid for planeten vår eller for folket som bor på den. Det er grunnen til at alle nasjoner skal glede seg når Israel blir gjenopprettet.

«Og du, Herre, la i begynnelsen jordens grunnvoll, og himlene er dine henders verk. De skal gå til grunne, men du forblir. *De skal alle eldes som et klesplagg, som en kappe skal du rulle dem sammen, som et klesplagg skal de skiftes.* Men du er den samme, og dine år tar aldri slutt.» (Heb 1,10-12.)

KONGER VIL TIE OG NASJONER VIL SKJELVE

Gud sa til Jakob: «Vend tilbake til ditt land og din slekt, og jeg vil gjøre vel imot deg.» (1 Mos 32,9.) Jakob måtte fortsatt gjennomgå en kamp på liv og død med broren, men enden var god. På samme måten har han kalt Jakobs sønner tilbake til sitt land i denne generasjonen for å velsigne dem, selv om de må gjennomgå en kamp på liv og død med sinte slektninger i Midtøsten. Men enden vil bli herlig. Jakobs trengselstid vil slutte med en herlig ny dag for hele jorda. Paulus skrev i Romerne 11,15: «For er verden blitt forlikt med Gud ved deres forkastelse, hva annet vil da deres antakelse bli enn liv av døde?»

Alle nasjoner og deres herskere vil få lyst til å komme til Jerusalem for å se Messias' herlighet, akkurat som dronningen av Saba kom for å høre Salomos visdom:

«Da dronningen av Saba hørte gjetordet om Salomo, som skyldtes Herrens navn, kom hun for å sette ham på prøve med gåter. Hun kom til Jerusalem med et stort følge, med kameler som bar krydderier og en stor mengde gull og edelstener. Da hun var kommet til Salomo, talte hun med ham om alt som lå henne på hjertet. Men Salomo svarte på alle hennes gåter. Det var ikke ett ord av det hun sa, som var skjult for kongen, så han ikke kunne svare på det. Da dronningen av Saba så all Salomos visdom og så det hus han hadde bygd, og rettene på hans bord, og hvorledes hoffmennene satt ved bordet, og bordsveinene som stod omkring, hvordan de var kledd, og hans munnskjenker, og trappen som han gikk opp på til Herrens hus, ble hun rent ute av seg selv av forundring. Og hun sa til kongen: Så var det da sant det jeg hørte hjemme i mitt land om deg og din visdom! Jeg trodde ikke det de fortalte, før jeg kom og fikk se det med egne øyne. Men nå ser jeg at de ikke har fortalt meg halvparten! I visdom og lykke er du enda større enn det gjetordet jeg har hørt.» (1 Kong 10,1-7.)

Dette var bare en forsmak på den kommende herligheten. Jeshua sa: «Dronningen fra syden … kom fra jordens ende for å høre Salomos visdom – og se, her er mer enn Salomo!» (Luk 11,31.) Jesaja sa: «Se, min tjener skal gå fram med visdom. Han skal bli oppløftet og opphøyet og være meget høy … Konger skal lukke sin munn for ham. For det som ikke var fortalt dem, det har de sett, og det de ikke hadde hørt, det har de forstått.» (Jes 52,13.15.)

Gud har lovt at han vil gi Jerusalem en slik overflod av herlighet og velstand at nasjonene vil skjelve når de ser det.

«Se, jeg gir dem [Jerusalem] helse og legedom, *og helbreder dem, og jeg vil la dem se en overflod av fred og trygghet.* Jeg vil gjøre ende på Judas fangenskap og Israels fangenskap, og jeg vil bygge dem opp som i den første tiden. Jeg vil rense dem fra all deres misgjerning, som de har forsyndet seg med mot meg. Og jeg vil tilgi alle deres misgjerninger som de har gjort mot meg da de forbrøt seg mot meg. *Og byen skal være meg til et gledesnavn, til pris og pryd for alle jordens folkeslag, når de får høre om alt det gode jeg gjør mot den. De skal skjelve og beve når de får se alt det gode og all den fred jeg gir den.*» (Jer 33,6-9, min utheving.)

Nasjonene vil strømme til Jerusalem.

«Det ord som Jesaja, sønn av Amos, mottok i et syn om Juda og Jerusalem. Det skal skje i de siste dager, da skal fjellet der Herrens hus står, være grunnfestet på toppen av fjellene og høyt hevet over alle høyder. Og alle hedningefolk skal strømme til det. Mange folkeslag skal gå av sted og si: Kom, la oss gå opp til Herrens berg, til Jakobs Guds hus, så han kan lære oss sine veier, og vi vandre på hans stier! For fra Sion skal lov utgå, og Herrens ord fra Jerusalem. Han skal dømme mellom hedningefolkene og skifte rett for mange folkeslag. De skal smi sine sverd om til hakker og sine spyd til vingårdskniver. Et folk skal ikke lenger løfte sverd mot et annet, og de skal ikke lenger lære å føre krig.» (Jes 2,1-4.)

«På den tid skal de kalle Jerusalem Herrens trone. Og alle folkene skal samle seg der, til Herrens navn i Jerusalem. De skal ikke mer følge sitt onde, hårde hjerte.» (Jer 3,17.)

Hvilken herlig tid det skal bli når Jeshua skal herske fra Jerusalem! De som har vært trofaste mot ham, vil være hans brud og regjere sammen med ham der.

«Den som seirer, og som tar vare på mine gjerninger inntil enden, ham vil jeg gi makt over folkeslagene. Han skal styre dem med jernstav og knuse dem som leirkar, slik som også jeg har fått det av min Far ... Den som seirer, ham vil jeg gi å sitte med meg på min trone, likesom jeg og har seiret og har satt meg med min Far på hans trone. Den som har øre, han høre hva Ånden sier til menighetene!» (Åp 2,26-27; 3,21-22.)

Paulus skrev i Efeserne 3,6: «At hedningene er medarvinger, de hører med til legemet og de har del i løftet i Kristus Jesus ved evangeliet.» Dette er grunnen til at han også skrev i Romerbrevet: «Kristus er blitt en tjener for de omskårne for Guds sannferdighets skyld, for å stadfeste løftene til fedrene. *Men hedningene skal prise Gud for hans miskunn, som det står skrevet ... Gled dere, hedninger, sammen med hans folk!*» (Rom 15,8-10, min utheving.) Hedninger som tror på Jeshua, vil få del i de løftene som er gitt til Israel.

Ifølge den tidlige kirkefaren Justin Martyr, er dette det håpet som alle kristne hadde i begynnelsen. I det andre århundre skrev han en bok ved navn *Dialog med Tryfo*. På denne tiden var Jerusalem blitt helt ødelagt av romerne, og ingen jøder fikk lov til å sette sin fot i byen.

I en av samtalene, stiller den jødiske rabbien Tryfo følgende spørsmål til Justin: «Innrømmer du virkelig at denne plassen, Jerusalem, skal bli gjenoppbygd, og forventer du deg at folket ditt skal samles sammen og glede seg med Kristus og patriarkene, og profetene, alle menn fra vår nasjon, og andre proselytter som sluttet seg til dem før deres Kristus kom?»

Justin svarer: «Jeg innrømmet for deg tidligere at jeg og mange andre er av denne oppfatningen, og [tror] at det vil finne sted, som du sikkert er klar over ... Jeg og andre, som er rettsinnede kristne på alle punkter, er sikre på at det vil være en oppstandelse fra de døde, og tusen år i Jerusalem, som så vil bli gjenoppbygd, utsmykket og forstørret, som profetene Esekiel og Jesaja og andre erklærer.

Og dessuten var det en viss man sammen med oss, hvis navn var Johannes, en av Kristi apostler, som profeterte ved en åpenbaring som ble gitt ham, at de som trodde på vår Kristus, ville bo i tusen år i Jerusalem, og at etterpå ville den generelle, og kort sagt den evige, oppstandelsen og dommen over alle mennesker på samme måte finne sted.»[20]

20 Justin Martyr, *Dialogue with Trypho*, 80, 90, Roberts-Donaldson

Jesaja profeterte om Jerusalem:

«Du arming, du som er bortrevet av storm, du som ingen trøst har funnet! Se, jeg legger dine byggesteiner i spydglans, og bygger din grunnmur med safirer. Dine murtinder gjør jeg av rubiner, dine porter av karfunkelsteiner, og hele din ringmur av dyre steiner. Alle dine barn skal være lært av Herren, og dine barns fred skal være stor. Ved rettferdighet skal du bli grunnfestet. Vær langt fra angst, for du skal ikke ha noe å frykte, og fra redsel, for den skal ikke komme nær til deg.» (Jes 54,11-14.)

DEN FASTSATTE TID FOR Å VÆRE NÅDIG MOT SION

Apostlene kjente ikke dagen eller timen for når riket ville bli opprettet for Israel. Det er bare Faderen som kjenner den nøyaktige tiden. I Salme 102,13-14 står det: «Men du, Herre, du troner til evig tid, ditt minne varer fra slekt til slekt. Du vil reise deg, du vil forbarme deg over Sion, for tiden er kommet til å være nådig, den fastsatte tid er kommet.» Det finnes en fastsatt tid for å være nådig mot Sion. I den engelske NASB-oversettelsen står det: «For det er tid *til å være nådig* mot henne, for den fastsatte tiden er kommet.» (Min utheving.)

Det er viktig å forstå at det som Gud vil gjøre mot Israel mot slutten, vil han kun gjøre på grunn av sin nåde og for sitt navns skyld. Paulus skrev til de hedningetroende i Rom: «Dere var jo en gang ulydige mot Gud, men nå har dere fått miskunn, fordi de andre var ulydige. På samme måte har nå de vært ulydige, men ved den miskunn dere har fått, skal også de få miskunn. For Gud har innesluttet dem alle under ulydigheten, for at han kunne vise miskunn mot dem alle.» (Rom 11,30-32.)

English Translation,
http://www.earlychristianwritings.com/text/justinmartyr-dialoguetrypho.html (lastet ned 15. september 2011).

På slutten vil Gud tilintetgjøre de fiendene som kommer mot Jerusalem, og utøse *nådens* og bønnens ånd over Israel slik at han åpenbarer Messias for dem.

«På den dag vil jeg søke å ødelegge alle de hedningefolk som drar opp mot Jerusalem. Men over Davids hus og over Jerusalems innbyggere vil jeg utgyte nådens og bønnens Ånd, og de skal skue opp til meg som de har gjennomstunget. Og de skal sørge over ham som en sørger over sin enbårne sønn, og klage sårt over ham slik som en klager over sin førstefødte. På den dag skal sorgen bli stor i Jerusalem.» (Sak 12,9-11.)

Abraham oppdaget det stedfortredende offer da han kom til Morias berg for å ofre sin sønn.

«Abraham så da opp, og se – *bak ham* var det en vær som hang fast etter hornene i et kjerr. Abraham gikk da bort og tok væren, og han ofret den som brennoffer istedenfor sin sønn.» (1 Mos 22,13, min utheving.)

En dag vil det samme miraklet skje igjen. Akkurat som Abraham gjorde, vil Israel se opp og se «bak seg» det som skjedde for to tusen år siden, da det stedfortredende offer, Jeshua Messias, tok deres plass i dommen slik at deres liv kunne bli spart på samme måte som Isaks liv ble spart.

«Og likesom Moses opphøyet slangen i ørkenen, slik skal Menneskesønnen bli opphøyet, for at hver den som tror på ham, skal ha evig liv. For så har Gud elsket verden at han gav sin Sønn, den enbårne, for at hver den som tror på ham, ikke skal fortapes, men ha evig liv.» (Joh 3,14-16.)

Gud vil ikke gjenopprette Israel og gi dem frelsen fordi det jødiske folket fortjener det, men bare på grunn av sin nåde og barmhjertighet. Han vil gjøre det på nøyaktig den samme måten som da han åpnet frelsens dør for hedningene: kun på grunn av ufortjent nåde. «Jeg ble funnet av dem som ikke søkte meg, og jeg åpenbarte meg for dem som ikke spurte etter meg.» (Rom 10,20.)

I Jesaja 16,5 står det om Israel: «Så skal tronen bli grunnfestet *ved miskunn*, og i troskap skal en fyrste sitte på den i Davids telt, en som søker rett og fremmer rettferdighet.» (Min utheving.) Og i Hosea 6,1-2 leser vi:

«Kom, la oss vende om til Herren! For det er han som har revet i stykker, men han vil også lege oss. Han slo, men han vil også forbinde oss. Han vil gjøre oss levende etter to dager. På den tredje dag vil han oppreise oss, og vi skal leve for hans åsyn.»

Vi må vite hvilken tid vi lever i. Det er en tid for Guds *barmhjertighet* mot Sion. I to dager, i to tusen lange år, har Gud dømt Israel, og de har fått dobbelt for alle sine synder. Dette er den tredje dagen med gjenopprettelse for hans folk. Ikke fordi de fortjener det, men på grunn av Guds nåde. Nå er det tid for at Gud skal være nådig mot Sion, og han forbereder seg på å straffe de nasjonene som hater ham og folket hans.

«Trøst, trøst mitt folk! sier deres Gud. Tal vennlig til Jerusalem og rop til henne at hennes strid er endt, at hennes skyld er betalt, at hun av Herrens hånd har fått dobbelt for alle sine synder.» (Jes 40,1-2.)

BE FOR ISRAEL

I dag kommer verdens nasjoner mot Israel. Vi må be for dagens situasjon på samme måte som Hiskia og Jesaja ba for Jerusalem da Assyrias konge marsjerte inn i byen.

«Da kong Hiskia hørte det [de assyriske truslene], sønderrev han sine klær og kledde deg i sekk og gikk inn i Herrens hus.» (Jes 37,1.)

Vi må ta nasjonenes trusler på alvor og gå innfor Gud i bønn.

«Han sendte slottshøvdingen Eljakim og statsskriveren Sebna og de eldste blant prestene, kledd i sekk, til profeten Jesaja, Amos' sønn. Og de sa til ham: Så sier Hiskia: Dette er en dag med trengsel og straff og vanære. Barnet er kommet til modermunnen, men det er ingen kraft til å føde.» (Jes 37,2-3.)

167

Gud har ikke ført det jødiske folket tilbake til landet deres for at de skal bli utslettet, men for at de kan vende tilbake til ham og bli født på nytt.

«Kanskje Herren din Gud vil høre det Rabsake har sagt, han som kongen i Assyria, hans herre, har sendt for å håne den levende Gud – så han straffer ham for de ord Herren din Gud har hørt. Send nå opp en bønn for den rest som ennå er igjen!» (Jes 37,4.)

Ethvert angrep mot det jødiske folket er alltid et angrep mot Gud selv.

Jesaja sa til dem: «Dette skal dere si til deres herre: Så sier Herren: Frykt ikke for de ord du hørte, de som assyrerkongens tjenere hånte meg med.» (37,6.)

Vi må be mot all frykt.

«Da Hiskia hadde mottatt brevet av sendebudene og lest det, gikk han opp til Herrens hus. Der bredte Hiskia brevet ut for Herrens åsyn.» (37,14.)

Vi må ta massemedias nyheter til Gud i bønn.

«Og Hiskia bad til Herren og sa: Herre, hærskarenes Gud, Israels Gud, du som troner på kjerubene! Du alene er Gud for alle jordens riker, du har skapt himmelen og jorden.» (37,15-16.)

Så må vi huske hvem Gud er. Han har all makt, og nasjonene er mindre enn ingenting for ham. «Se, folkeslag er som en dråpe i et spann, som et støvgrann i en vektskål er de aktet. Se, øynene er som det fine støvet han lar fare til værs ... Herre, vend ditt øre til og hør! Herre, lukk opp dine øyne og se! Hør alle de ordene som Sankerib har sendt for å håne den levende Gud!» (Jes 40,15; 37,17.)

Vi må bønnfalle Gud om å handle. «Gud, ti ikke! Vær ikke stille og hold deg ikke i ro, Gud!» (Sal 83,1.) Han vil at vi påkaller ham, og han vil at vi minner ham om løftene hans. Dette er jobben vår som vektere på Jerusalems murer. «På dine, murer, Jerusalem, setter jeg vektere. Aldri skal de tie, ikke hele dagen og ikke hele natten. *Dere som minner Herren, unn dere ingen ro!* Og gi ham ikke ro før han bygger Jerusalem opp igjen, og før han gjør det til en lovsang på jorden!» (Jes 62,6-7, min utheving.)

«Men frels oss nå, Herre vår Gud, frels oss av hans hånd, så alle jordens riker må kjenne at du er Herren, bare du!» (Jes 37,20.)

Dette må være vår primære bønn. Det er først og fremst et spørsmål om Guds ære. «Slik skal dere da be: Fader vår, du som er i himmelen! Helliget vorde ditt navn.» (Matt 6,9.)

«Da sendte Jesaja, Amos' sønn, bud til Hiskia og sa: Så sier Herren, Israels Gud: Fordi du har bedt til meg mot kongen i Assyria Sankerib, så lyder det ord som Herren har talt om ham slik.» (Jes 37,21.)

Gud venter på å få høre bønnene våre slik at han kan besvare dem. «For du folk som bor på Sion, i Jerusalem, du skal ikke bli ved å gråte. Han vil være deg nådig når du roper. Når han hører det, svarer han deg.» (Jes 30,19.)

«Hvem er det du har hånet og spottet, og hvem er det du har løftet din røst imot? Du har løftet dine øyne til det høye, mot Israels Hellige. Ved dine tjenere har du hånet Herren.» (Jes 37,23-24.)

Det er dette som den muslimske verden sammen med resten av nasjonene nå gjør mot Israel. På denne måten fornærmer de Herren.

> «Enten du sitter eller du går ut og inn, så vet jeg det, og jeg vet at du raser mot meg. Fordi du raser mot meg, og din overmodige trygghet har nådd opp til mine ører, så vil jeg legge min ring i din nese og mitt bissel mellom dine lepper og føre deg tilbake den veien du kom.» (Jes 37,28-29.)

Vi kan være sikre på at islams planer vil bli beseiret til slutt.

«For fra Jerusalem skal det komme fram en levning og fra Sions berg en rest som har sluppet unna. Herrens, hærskarenes Guds nidkjærhet skal gjøre dette ... Jeg vil verne denne byen og frelse den, for min skyld og for min tjener Davids skyld.» (Jes 37,32.35.)

Guds frelsesplan står på spill, og han vil fullbyrde sine løfter.

«Og Herrens engel gikk ut og slo hundre og åttifem tusen mann i assyrernes leir. Da folk stod opp om morgenen, fikk de se dem alle ligge der som døde kropper. *Da brøt kongen i Assyria Sankerib opp og drog bort og vendte hjem igjen.»* (Jes 37,36-37, min utheving.)

Fiendens styrker vil bli beseiret. «Det skal skje på den dag at jeg vil gjøre Jerusalem til en løftestein for alle folkene. Alle som løfter på den, skal såre seg selv. Ja, alle jordens hedningefolk skal samle seg mot det. På den dag, sier Herren, vil jeg slå hver hest med skyhet og dens rytter med vanvidd. Men over Judas hus vil jeg opplate mine øyne, og alle folkenes hester vil jeg slå med blindhet.» (Sak 12,3-4.)

VÅRT ANSVAR

I denne tid har vi primært et seksfoldig ansvar.

1. Vi må være ivrige etter å studere det profetiske ordet slik at vi ikke vandrer i mørket men forstår hva som pågår og hva Gud vil at vi skal gjøre.

   «Og desto fastere har vi det profetiske ord, som dere gjør vel i å akte på. Det er som en lampe som lyser på et mørkt sted, inntil dagen lyser fram og morgenstjernen går opp i deres hjerter.» (2 Pet 1,19.)

2. Vi må omvende oss fra all synd vi kjenner og forsikre oss om at vi er rede til å motta kongenes Konge.

   «Derfor, mine kjære, når dere venter disse ting, så legg vinn på å bli funnet uten flekk og lyte for ham, i fred.» (2 Pet 3,14.)

3. Vi må innvie oss til å bli vektere på Jerusalems murer og be i overensstemmelse med Guds vilje slik den er åpenbart i hans ord.

«På dine, murer, Jerusalem, setter jeg vektere. Aldri skal de tie, ikke hele dagen og ikke hele natten. *Dere som minner Herren, unn dere ingen ro!* Og gi ham ikke ro før han bygger Jerusalem opp igjen, og før han gjør det til en lovsang på jorden!» (Jes 62,6-7, min utheving.)

4. Vi må proklamere sannheten i Guds ord og advare mennesker fra å gå mot Guds utvalgte folk.

«Det er jo jeg som har innsatt min konge på Sion, mitt hellige berg ... Og nå, dere konger! Gå viselig fram! La dere advare, dere herskere på jorden! Tjen Herren med frykt, og juble med beven! Kyss Sønnen, for at han ikke skal bli vred og dere gå til grunne på veien! For snart kunne hans vrede bli opptent. Salige er alle som tar sin tilflukt til ham.» (Sal 2,6.10-12.)

5. Vi må trøste Israel og støtte dem på alle måter.

«Trøst, trøst mitt folk! sier deres Gud. Tal vennlig til Jerusalem og rop til henne at hennes strid er endt, at hennes skyld er betalt, at hun av Herrens hånd har fått dobbelt for alle sine synder.» (Jes 40,1-2.)

Alt dette er en del av å forberede veien for Herren. Den viktigste jobben vår er å erklære at Guds ord vil vare i evighet.

«Hør, det er en som roper: Rydd i ørkenen vei for Herren! Gjør i ødemarken en jevn vei for vår Gud! Hver dal skal heves, og hvert fjell og hver haug skal senkes, det bakkete skal bli til slette, og hamrene til flatt land. Herrens herlighet skal åpenbares, og alt kjød skal se det, for Herrens munn har talt. Hør, det er en som sier: Rop! Og en annen svarer: Hva skal jeg rope? – Alt kjød er som gress, og alt dets herlighet som blomst på marken. Gresset blir tørt, blomsten visner når Herrens ånde blåser på det.

Ja, sannelig, folket er gress. Gresset blir tørt, blomsten visner. Men vår Guds ord står fast til evig tid.» (Jes 40,3-8.)

6. Til slutt, når vi ser at dagen nærmer seg, må vi ikke frykte men løfte våre hoder i jubel og seier, siden vi vet at forløsningen er nær.

«Mennesker faller i avmakt av redsel og gru for det som skal komme over jorden. For himlenes krefter skal rokkes. Da skal de se Menneskesønnen komme i skyen med kraft og stor herlighet. Men når dette begynner å skje, da rett dere opp og løft hodet! For deres forløsning stunder til .» (Luk 21,26-28.)

Kongen vil snart vende tilbake til Jerusalem. Vi må være rede!

«La hoftene være ombundet og lampene brennende! Og vær dere som folk som venter på sin herre når han vender hjem fra bryllupet, for at de kan åpne for ham straks han kommer og banker på. Salige er de tjenere som Herren finner våkne når han kommer! Sannelig sier jeg dere: Han skal binde opp om seg og la dem gå til bords og selv komme og tjene dem.» (Luk 12,35-37.)

«Og de mange som sover i jordens muld, skal våkne opp, noen til evig liv, noen til skam og evig avsky. Da skal de forstandige skinne som himmelhvelvingen skinner, og de som har ført mange til rettferdighet, skal skinne som stjernene, evig og alltid.» (Dan 12,2-3.)

«Når folk kritiserer sionister, mener de jøder. Du
snakker antisemittisme.»
– Dr. Martin Luther King, Harvard University, 1968

TILLEGG

DØDENS CHARTERE

FRA HAMAS SITT CHARTER[21]

Oversettelse og kommentarer av Raphael Israeli, Harry Truman Research Institute, Hebrew University, Jerusalem, Israel.

I Allahs navn, den barmhjertige, den medfølende

> «Dere er det beste samfunnet som er blitt oppreist for menneskeheten.» *Sura Al-Imran* (III), vers 109-111.[22]

> «Israel vil reise seg og vil forbli stående inntil islam eliminerer dem slik de har eliminert forgjengeren.» Imamen og martyren Hassan al-Banna[23], må Allah ha medlidenhet med hans sjel.

21 Fra Y. Alexander og H. Foxman (red.), *The 1988-1989 Annual of Terrorism.* Nederland, Kluwer Academic Publishers, 1990.
22 Oversettelsen følger Muahmmed Marmaduke Pickthalls *The Meaning of the Glorious Koran,* Mentor Books, New York (ingen dato). Ifølge denne oversettelsen er de siterte versene 110-112.
23 Hassan al-Banna var grunnleggeren av Det muslimske brorskapet i Egypt på 1920-tallet. Hamas hevder at de har en tilknytning til den bevegelsen.

Artikkel 2

Den islamske motstandsbevegelsen er en fløy av de muslimske brødre i Palestina. Det muslimske brorskapet er en verdensorganisasjon, den største islamske bevegelsen i den moderne tid.

Artikkel 6

Den islamske motstandsbevegelsen er en distinkt palestinsk bevegelse som viser lojalitet mot Allah, henter livets vei fra islam og strever etter å reise Allahs banner over enhver tomme av Palestina.

I islams fravær oppstår det konflikter, undertrykkelse regjerer, korrupsjonen er tøylesløs, og kamper og kriger råder.

Artikkel 7

I kraft av fordelingen av muslimer, som fremmer Hamas sin sak over hele kloden, og strever for dets seier, for en forsterkning av dets posisjoner og for oppmuntring til jihad, er bevegelsen universal.

Hamas er en av lenkene i jihads kjede i konfrontasjonen med sionistinvasjonen. Profeten, bønn og fred være over ham, sa:

> Tiden[24] vil ikke komme før muslimer vil kjempe mot jødene (og drepe dem); inntil jødene gjemmer seg bak klipper og trær, som vil rope: Å, muslim, det er en jøde som gjemmer seg bak meg, kom og drep ham! Dette vil ikke gjelde for gharqad[25], som er et jødisk tre (sitert av Bukhari og Muslim).[26]

24 Dette henviser til dommedagen. Denne tradisjonen (hadith), som er tilskrevet profeten, er ofte blitt sitert i islamsk litteratur, både gammel og moderne. De egyptiske troppene som gikk til angrep på Bar-Lev-linjen i oktober 1973, var utstyrt med «veiledningsbøker» der bl.a. dette sitatet var inkludert.

25 Et slags ørkentre, antagelig i tangmeldeslekta.

26 Bukhari og Muslim er forfatterne til de to mest autoritære og bredt anerkjente hadith-samlingene (profetens tradisjoner).

176

Artikkel 8
Allah er dets mål, profeten er dets forbilde, Koranen er dets grunnlov, jihad er dets vei, og døden for Allahs sak er dets mest sublime tro.

Og når det gjelder målet … gjenopprettelsen av den muslimske staten.

Artikkel 11
Den islamske motstandsbevegelsen tror at landet Palestina har vært en islamsk *Waqf* i generasjoner, og inntil oppstandelsens dag kan ingen gi avkall på det eller deler av det, eller forlate det eller deler av det. Ingen arabisk land eller summen av alle arabiske land, og ingen arabisk konge eller president eller alle til sammen, har den retten, og heller ingen organisasjon eller summen av alle organisasjoner har den retten, uansett om de er palestinske eller arabiske, for Palestina er en islamsk *Waqf* gjennom alle generasjoner og inntil oppstandelsens dag.

Hvem kan anta å tale for alle islamske generasjoner inntil oppstandelsens dag? Dette er [landets] status i islamsk *Sharia*[27], og det er likt alle land som er erobret av islam med makt, og dermed er det blitt til *Waqf*-land gjennom erobringen, for alle muslimske generasjoner inntil oppstandelsens dag.

Artikkel 12
Hamas betrakter nasjonalismen (*Wataniyya*) som en del av den religiøse troen. Ingenting er høyere eller dypere i nasjonalismen enn å føre jihad mot fienden og konfrontere ham når han setter sin fot på muslimenes land. Og dette blir en individuell plikt[28] som er bindende for enhver muslimsk mann og kvinne. En kvinne må gå

---

27 *Sharia* er islams hellige lov.
28 *Fard ayn* er en individuell plikt under islamsk lov, som man må skjelne fra «*fard kifaya*» som er en kollektiv plikt. *Fard ayn* er en absolutt plikt som overstyrer alle andre betraktninger slik som en kones plikt mot sin mann og en slave mot sin mester.

ut og kjempe mot fienden til og med uten sin manns godkjenning, og en slave uten sin mesters tillatelse.

Dette [prinsippet] eksisterer ikke under noe annet regime, og det er en sannhet som man ikke skal stille spørsmålstegn ved. Mens andre nasjonalismer består av materielle, menneskelige og territoriale betraktninger, bærer Hamas sin nasjonalitet også, i tillegg til alle disse, de viktige guddommelige faktorer som gir det ånd og liv; så mye at det kobler til opprinnelsen til ånden og kilden til liv og reiser på hjemlandets himmel herrens banner, som dermed ubønnhørlig forbinder jorda med himmelen.

Artikkel 13
[Freds]initiativ, de såkalte fredelige løsninger, og de internasjonale konferansene for å løse det palestinske problemet, står alle i motsetning til Den islamske motstandsbevegelsens tro. For å gi avkall på enhver del av Palestina, betyr å gi avkall på deler av religionen. Den islamske motstandsbevegelsens nasjonalisme er en del av troen. Bevegelsen utdanner sine medlemmer til å holde seg til dets prinsipper og å reise Allahs banner over sitt hjemland når de utfører jihad: «Allah er den allmektige, men de fleste mennesker er ikke klar over det.»

Det finnes ingen løsning på det palestinske problemet bortsett fra jihad. Initiativene, forslagene og de internasjonale konferansene er bare bortkastet tid[29] og en øvelse i tomhet. Det palestinske folket er altfor edle for å få sin framtid, sine rettigheter og sin skjebne underkastet et tomt spill.

Artikkel 14
Problemet med Palestinas frigjøring handler om tre sirkler: den palestinske, den arabiske og den islamske. Hver og en av disse sirklene har en rolle å spille i kampen mot sionismen, og de har plikter å fullbyrde ... Som en konsekvens av denne tilstanden, er

29 Lederne for Hamas, og da spesielt sjeik Yassin av Gaza, er blitt
   intervjuet av massemedia om sin løsning på det palestinske
   problemet, og de har kalt diplomatiske demarcher for «bortkastet tid».

frigjøringen av det landet en individuell plikt som er bindende for alle muslimer overalt.[30]

Artikkel 15
Når våre fiender tilraner seg islamske land, blir jihad en bindende plikt for alle muslimer. For å kunne møte jødenes tilraning av Palestina, har vi ingen flukt fra å reise jihads banner. Dette ville kreve en forplantning av islamsk bevissthet blant massene på et lokalt, arabisk og islamsk nivå. Vi må spre jihads ånd blant den [islamske] *umma*, støte sammen med fienden og slutte oss til rekkene med jihad-soldater ... Vi må innprente i sinnene til generasjoner av muslimer at det palestinske problemet er religiøst, og det skal håndteres på dette premisset.

Artikkel 16
Vi må gi de islamske [unge] generasjoner i vårt område en islamsk utdannelse grunnlagt på en gjennomføring av religiøse bud, på et pliktoppfyllende studium av Allahs bok, på studier av den profetiske tradisjonen[31], på studier av islamsk historie og arven fra de pålitelige kilder.

Artikkel 17
De muslimske kvinnene har ingen mindre rolle å spille enn menn i frigjøringskrigen. De produserer menn og spiller en stor rolle i å veilede og utdanne den [nye] generasjonen.

Artikkel 20
Jødenes nazisme hopper ikke over kvinner og barn. Den skremmer alle.

30 *Fard ayn* er en individuell plikt under islamsk lov, som man må skjelne fra «*fard kifaya*» som er en kollektiv plikt. *Fard ayn* er en absolutt plikt som overstyrer alle andre betraktninger slik som en kones plikt mot sin mann og en slave mot sin mester.

31 Et kjennetegn på fundamentalistiske islamske bevegelser er at de stoler på Koranen og *Sunna* (profetens tradisjoner), og de har mindre respekt for de andre tre blant *usul-a-Din* (troens grunnvoll, kildene til *Sharia*loven), nemlig *Qiyas* (analogi), *Ijma* (konsensus) og *Ada* (lokale tradisjoner).

Artikkel 22

Fiendene har lagt planer i lang tid … De sto bak den franske og kommunistenes revolusjoner og bak de fleste revolusjoner som vi hører om her og der. De brukte også pengene til å opprette hemmelige organisasjoner som sprer seg over hele verden for å kunne ødelegge samfunn og utføre sionistiske interesser. Slike organisasjoner er frimurerne, Rotary-klubber, Lions-klubber, Bnai Brith og lignende, Alle sammen er ødeleggende spionorganisasjoner.

Når det gjelder lokale og verdenskriger, har det skjedd og ingen protesterer på at de sto bak første verdenskrig for å kunne utslette det islamske kalifatet.[32] De samlet materielle vinninger og tok kontroll over mange kilder til rikdom. De skaffet seg Balfourdeklarasjonen[33] og opprettet Folkeforbundet for å kunne styre verden gjennom den organisasjonen. De sto også bak andre verdenskrig der de samlet store fordeler ved å handle med krigsmateriell og forberedte seg på opprettelsen av sin stat. De inspirerte til opprettelsen av Forente Nasjoner og Sikkerhetsrådet for å erstatte Folkeforbundet, for å kunne styre over verden via sin mellommann. Det var ingen krig som brøt ut noe sted uten deres fingeravtrykk i den.

Artikkel 27

Sekulære tanker er diametralt motsatt religiøse tanker. Tankene er grunnlaget for innstillinger, for adferdsmønster og for beslutninger. På tross av at vi verdsetter PLO og deres mulige forvandling i framtiden, og på tross av det faktum at vi ikke rakker ned på deres rolle i den arabisk-israelske konflikten, kan vi derfor ikke erstatte den istedenfor Palestinas islamske natur ved å akseptere sekulære

32 Lemlestingen av det osmanske riket var virkelig et signal om enden på kalifatet.
33 Det berømte brevet fra lord Balfour, den britiske utenriksministeren, fra 2. november 1917, der han lovte Storbritannias hjelp for å opprette et jødisk hjemland i Palestina, som skulle gis som et mandat til britene etter krigen.

tanker. For Palestinas islamske natur er en del av vår religion, og alle som forsømmer sin religion, er nødt til å tape.

Artikkel 28
Sionistbevegelsen er ondskapsfull ... De arabiske statene rundt omkring Israel er påkrevd til å åpne sine grenser for jihad-soldatene, sønnene til det arabiske og islamske folket, å gjøre dem i stand til å spille sin rolle og å slutte seg til anstrengelsene hos sine brødre blant de muslimske brødrene i Palestina.

De andre arabiske og islamske statene er påkrevd, i det minste, til å legge til rette for en bevegelse av jihad-soldater til og fra dem. Vi kan ikke unngå å minne alle muslimer om at da jødene okkuperte det hellige Jerusalem i 1967 og sto på terskelen til den velsignede Aqsa-moskeen, ropte de med glede: «Muhammed er død, han etterlot seg døtre.»[34]

Israel, i kraft av å være jødisk og ha en jødisk befolkning, trosser islam og muslimene.

Artikkel 30
Jihad betyr ikke bare å bære våpen og rakke ned på fienden. Det å ytre positive ord, skrive gode artikler og nyttige bøker, og gi støtte og assistanse, alt dette er også jihad på Allahs vei, så lenge det er en oppriktig hensikt om å gjøre Allahs banner overlegent.

«De som forbereder for et tokt på Allahs sti, betraktes som om de selv deltok i toktet.» (Fortalt av Bukhari, Muslim, Abu Dawud og Tirmidhi.)

Artikkel 31
Hamas er en human bevegelse som bryr seg om menneskerettigheter og er forpliktet til den toleransen som er iboende i islam når det gjelder holdninger mot andre religioner. Den er bare fiendtlig

34 Det er umulig å fastslå hva denne påstanden er grunnlagt på. Det finnes en populær arabisk sang som rakker ned på dem som ikke klarte å oppfostre sønner og bare etterlot seg døtre.

mot dem som er fiendtlig mot den, eller står i veien for å forstyrre dets bevegelse, eller hindre dets anstrengelser.

Under islams skygge er det mulig for medlemmer av tre religioner – islam, kristendom og jødedom – å eksistere sammen i trygghet og sikkerhet.

Islam gir sine rettigheter til alle som har rettigheter og avverger aggresjon mot andres rettigheter. Den nazistiske sionistiske praksis mot vårt folk vil ikke vare hele livet for deres invasjon, for «stater som er bygd på undertrykkelse, varer kun en time, stater som er grunnlagt på rettferdighet vil vare inntil oppstandelsens time».

Artikkel 32
Verdens sionisme og imperialistiske styrker har forsøkt, med smarte bevegelser og overveide planer, å skyve araberlandene, det ene etter det andre, ut av konfliktsirkelen med sionisme, for at de til syvende og sist kan isolere det palestinske folket. Egypt er allerede blitt kastet ut av konflikten, til stor del gjennom de forræderske Camp David-avtalene, og hun har forsøkt å dra andre land med seg i lignende avtaler for å skyve dem ut av konfliktsirkelen.

Hamas anmoder de arabiske og islamske folk om å handle seriøst og utrettelig for å kunne sette en stopper for de fryktelige planene og å gjøre massene klar over faren ved å forlate konfliktsirkelen med sionisme. I dag er det Palestina, og i morgen kan det være et annet land eller andre land. For sionistenes planer har ingen ende, og etter Palestina vil de begjære en ekspansjon fra Nilen til Eufrat. Det er bare når de er ferdige med å fordøye området der de har lagt landet sitt, som de vil se videre mot mer ekspansjon etc. Planene deres er åpenbare i *Sions vises protokoller*, og dagens [oppførsel] er det beste beviset på det som er sagt der.

Det å forlate konfliktsirkelen med Israel, er alvorlig forræderi, og det vil føre forbannelse over gjerningsmennene.

«Den som på den dagen vender sin rygg til dem, hvis han ikke manøvrerer for kamp eller har til hensikt å slutte seg til et kompani, han har i sannhet pådratt seg Allahs vrede, og hans bolig vil være helvete, en uheldig slutt på reisen.» *Sura 8 (Al-Anfal – krigsbytte)*, vers 16.

Vi har ingen flukt fra å samle sammen alle styrker og energier for å møte denne foraktelige nazi-tatar invasjonen. Ellers vil vi bevitne tapet av [våre] land, forvisningen av deres innbyggere, en spredning av korrupsjon på jorda og ødeleggelsen av alle religiøse verdier. La alle innse at han er ansvarlig for Allah.

«Den som gjør en flekk godt vil [se konsekvensene], og den som gjør en flekk ondskap vil se [konsekvensene].»

Innenfor konfliktsirkelen med verdens sionisme, betrakter Hamas seg som spydspissen og *avant garde*. De har felles anstrengelser med alle som er aktive på den palestinske scenen, men de arabiske og islamske folk og islamske foreninger må ta flere skritt overalt i den arabiske og islamske verden for å skape en mulighet for den neste runden mot jødene,[35] krigens handelsmenn.

«Vi har kastet blant dem fiendskap og hat inntil oppstandelsens dag. Så ofte som de tenner en ild til krig, vil Allah slukke den. Deres anstrengelser er for korrupsjon i landet, og Allah elsker ikke korrupte.» *Sura 5 (Al-Maidah – Bordsetningen)*, vers 64.[36]

Artikkel 33
Hamas starter fra disse generelle konseptene som er i samsvar og overensstemmelse med universets regler ... inntil Allahs dekret er

---

35 På tross av at de protesterer, bruker Hamas ordene jøder og sionisme om hverandre. Hoveddelen av angrepet er mot sionisme, men ved å introdusere tilfeldige antisemittiske emner, slik som *«Sions vises protokoller»*, som kom før sionismen ble født, avslører de sine hensikter mot jøder generelt.

36 Første del av dette verset, som ikke er sitert her, handler eksplisitt om jødene.

fullbyrdet, rekkene er overoppsvulmet, jihad-soldater slutter seg til andre jihad-soldater, og hele denne akkumuleringen starter fra overalt i den islamske verden, adlyder pliktens kall og messer: «Kom igjen, gå med i jihad!» Dette kallet vil rive skyene på himmelen, og det vil fortsette å ringe inntil frigjørelsen er fullbyrdet, inntrengerne er beseiret og Allahs seier kommer.

Artikkel 34

Palestina er jordas navel, kontinenters konvergens, et grådighetens mål for de grådige, siden historiens begynnelse. Profeten, må Allahs bønn og fred være med ham, påpeker dette faktum i sin edle hadith[37] der han bønnfaller sin ærverdige følgeslager Maadh ibn Jabl og sier:

> «De av dere som velger [å bo] på en av slettene i Syria eller Palestina[38] vil være i en tilstand av jihad inntil oppstandelsens dag.»

Artikkel 35

Hamas tar et seriøst blikk på korsfarernes nederlag for Saladin Ayyub og utfrielsen av Palestina fra deres herredømme, på tatarenes nederlag ved Ein Jalut[39] der deres ryggrad ble knust av Qutuz[40] og Al-Dhahir Baibars, og den arabiske verden ble reddet fra tatarenes svøpe, som ruinerte alle sider av den menneskelige sivilisasjonen. Hamas har lært av disse leksene og eksemplene at dagens sionistiske invasjon har kommet etter en korsfarerinvasjon

37 En tradisjon som omhandler profeten, og som indikerer at han gjorde eller sa eller godtok noe spesielt. Siden profeten er oppfattet som den edleste av alle mennesker og livet hans er et forbilde som man skal kopiere, mener man at det å kjenne til hadith og handle etter den, er et av de høyeste kallene innenfor islam.

38 Det uttrykket som er brukt, er «*Bayt al-maqdas*», som betyr det hellige huset. Dette uttrykket ble brukt om Jerusalem, og dermed også i forlengelsen om Palestina.

39 Slaget ved Ein Jalut (1260) er det som hindret mongolenes framrykking i Midtøsten når de ble beseiret av de muslimske mamelukkene under Baibars (1223-1277).

40 En mamelukk-konge fra Egypt (1259-1260).

fra vest, og en annen, tatarene, fra øst. Og nøyaktig som
muslimene hadde møtt disse invasjonene og planlagt for å fjerne
og beseire dem, kan de møte den sionistiske invasjonen og beseire
den. Dette vil ikke være vanskelig for Allah hvis våre intensjoner
er rene og vår besluttsomhet er oppriktig. Hvis muslimene henter
nyttige leksjoner fra erfaringer i fortiden, og frigjør seg selv fra
restene av det [vestlige] ideologiske angrepet, og hvis de følger
islams tradisjoner.

Artikkel 36
Hamas ... vil aldri starte mot en muslim eller mot de ikke-
muslimer som inngår fred med dem, her eller noe annet sted. De
vil kun være til hjelp for alle foreninger og organisasjoner som
handler mot den sionistiske fienden og dem som snurrer omkring i
deres bane.

Vårt siste opprop er: Takk til Allah, universets herre.

FRA PLO SITT CHARTER

PLO (som kontrollerer de palestinske selvstyremyndighetene, PA),
er den «fredelige» organisasjonen som hele verden, inkludert USA,
vil at Israel skal stifte fred med for å få «to stater som lever side
ved side i fred». Nesten alle artikler i deres charter fornekter Israels
rett til å eksistere enten eksplisitt eller implisitt, og det fornekter
enhver fredelig løsning på den arabisk-israelske konflikten og
krever at Staten Israel blir tilintetgjort.

Som en forutsetning for fred, lovte Yasser Arafat å endre
charteret slik at det gir uttrykk for at PLO aksepterer Israels rett til
å eksistere. Inntil denne dag er dette ikke blitt gjort.

Selv om det palestinske nasjonale rådet (PNC) to ganger har
vedtatt formelle beslutninger om å revidere det palestinske
nasjonale charteret (1996 og 1998), som krever Israels ødeleggelse,
har de aldri gjort det. Formannen i PLC, Salim Zaanoun, uttalte
isteden den 3. februar 2001 i PA sin offisielle avis at det
palestinske charteret er uforandret og gjelder fortsatt [*Al-Hayat Al-*

Jadida, 3. februar 2001, som oversatt av MEMRI]. Siden den gang har det internasjonale samfunnet aldri utfordret den beslutningen.

Følgende materiale som sammenligner de palestinske selvstyremyndighetenes skolebøker og det palestinske nasjonale charteret, ble forberedt av Itamar Marcus, direktør for forskning for Center For Monitoring the Impact of Peace.[41] Det viser at ikke bare har PLOs charter aldri blitt endret, men de klausulene som krever Israels ødeleggelse, blir også undervist for de palestinske barna i skolebøkene deres.

Artikkel 4: «Den sionistiske okkupasjonen»

Skolebok: «Det palestinske folkets motstand mot den sionistiske okkupasjonen ...» [Vårt arabiske språk for femte klasse, side 69.]

Artikkel 7: «Det er en nasjonal plikt å oppfostre individuelle palestinere på en arabisk revolusjonær måte ... Han må være forberedt på den væpnede kampen og rede til å ofre sin rikdom og sitt liv ...»

Skolebok: «... det vil være en jihad, og vårt land skal bli frigjort ... Du må vite, gutten min, at Palestina er ditt hellige ansvar og din generasjons ansvar.» [Vårt arabiske språk for femte klasse #542, side 69-70.]

Skolebok: «Lenge leve hjemlandet! Å mitt land, mitt land, mitt blod skal ofres for deg. Jeg har gitt mitt liv som et offer. Motta det!» [Vårt arabiske språk, del to, fjerde klasse, side 131-133.]

Artikkel 9: «Væpnet kamp er den eneste måten å frigjøre Palestina på.»

41 «PA Schoolbooks and the PLO Charter», Aaron Lerner, 28. juli 1998, http://www.gamla.org.il/english/article/1998/july/ler3.htm (lastet ned 9. juni 2011).

Skolebok: «Uten blod vil ikke engang en centimeter bli frigjort.» [Lesebok og litterære tekster for åttende klasse, side 131-133.]

Artikkel 15: «Frigjøringen av Palestina ... er rettet mot elimineringen av Sionismen i Palestina ...»

Skolebok: «Hvorfor må vi kjempe mot jødene og drive dem ut av landet vårt?» [Vårt arabiske språk for femte klasse, side 66.]

Artikkel 15: «Den arabiske nasjon må mobilisere alle sine militære, menneskelige, moralske og åndelige evner for å delta aktivt med det palestinske folket i frigjøringen av Palestina.»

Skolebok: «Hvordan skal vi frigjøre vårt stjålne land? Bruk følgende ideer: Arabisk enhet, oppriktig tro på Allah, de mest moderne våpen og ammunisjon, bruke olje og andre verdifulle naturressurser som våpen i kampen for frigjøring.» [Vårt arabiske språk for sjuende klasse, del A, side 15.]

Artikkel 19-20: «Delingen av Palestina i 1947 og opprettelsen av Staten Israel er helt ulovlig ... Balfourdeklarasjonen er ... tomt og ugyldig.»

Skolebok: « ... Balfourdeklarasjonen betraktes som ulovlig ...» [Moderne arabisk historie og samtidige problemer, del to, for tiende klasse, #613, side 51.]

Artikkel 20: «Påstander om jøders historiske eller religiøse bånd til Palestina, er uforenlige med historiens fakta.»

Skolebok: «Sionistene vender sin oppmerksomhet mot Palestina som jødenes nasjonale hjemland, samtidig som de er avhengige av falske historiske og religiøse påstander.» [Moderne arabisk historie og samtidige problemer, del 2, for tiende klasse, side 50.]

Artikkel 20: «Jødedommen er en religion og ikke en uavhengig nasjonalitet. Jøder utgjør heller ikke en enkelt nasjon med en egen identitet.»

> Skolebok: «Jødene narret seg selv om at deres religiøse tro var tilstrekkelig til å gjøre dem til en nasjon.» [Moderne arabisk historie og samtidige problemer, del 2, for tiende klasse, side 49.]

Artikkel 21: «Det arabiske palestinske folk ... forkaster alle løsninger som er erstatninger for den totale frigjøringen av Palestina.»

> Skolebok: «Mine brødre! Undertrykkerne har tråkket over grensen, og derfor er jihad og offer en plikt ... skal vi la dem stjele den arabiske arten? ... la oss samle oss til krig med rødt blod og flammende ild ... Å, Palestina, ungdommen vil forløse ditt land.» [Lesebok og litterære tekster for åttende klasse, side 120-122.]

Artikkel 22: «Den [sionismen] er rasistisk og fanatisk i sin natur, aggressiv, ekspansjonistisk og kolonial i sine mål ... den geografiske basen for verdens imperialisme med strategisk plassering midt i det arabiske hjemlandet for å kjempe mot det arabiske folkets håp ... frigjøringen av Palestina vil ødelegge det sionistiske og imperialistiske nærværet.»

> Skolebok: «Rasisme: Menneskeheten har lidt av denne ondskapen både i eldgamle og i moderne tid, for Satan har virkelig, i mange menneskers øyne, fått deres onde handlinger til å se vakre ut ... Et slikt folk er jødene.» [Islamsk utdannelse for åttende klasse, siden 95.]

Skolebok: «Skriv i øvingsbøkene deres: En begivenhet som viser jøders fanatisme i Palestina mot muslimer eller kristne.» [Islamsk utdannelse for niende klasse, side 182.]

Skolebok: «Sionisme er en politisk, aggressiv og kolonialistisk bevegelse.» [Moderne arabisk historie og samtidige problemer, del to, for tiende klasse #613, side 49.]

Skolebok: «Kolonimaktene betraktet den sionistiske bevegelsen som middelet for å oppnå sine grådige kolonialistiske ambisjoner og betraktet Palestina som basen for å opprette en jødisk stat og dermed rive det arabiske hjemlandet i filler.» [Moderne arabisk historie og samtidige problemer, del to, for tiende klasse, side 48.]

Skolebok: «Husk: Det endelige og ufravikelige resultatet vil være muslimenes seier over jødene ... nasjonen vil rekruttere sine styrker, og det skal være en jihad, og landet vil bli frigjort.» [Vårt arabiske språk for femte klasse #542, side 67-69.]

FRA HIZBOLLAHS CHARTER

Noe av det første som Iran gjorde etter den islamske revolusjonen i Iran i 1979, var å gjenopprette terrororganisasjonen Hizbollah i Libanon. Hizbollah var de første som begynte med selvmordsbomber i konflikten i Midtøsten. De begynte som en liten gruppe blant mange minoriteter i Libanon og har på tretti år klart å ta kontroll over hele nasjonen. Følgende er utdrag fra deres charter:[42]

Behovet for Israels ødeleggelse

42 The Hizballah Program, The Jerusalem Quarterly, nummer 48, høsten 1988, se http://www.zionism-israel.com/hdoc/Hezbollah-Charter.htm (lastet ned 9. juni 2011).

I Israel ser vi USAs fortropper i vår islamske verden. Det er den forhatte fienden som må bekjempes inntil de forhatte får det de fortjener. Denne fienden er den største faren for framtidens generasjoner og våre lands skjebne, spesielt når de glorifiserer tanker om bosetning og ekspansjon, initiert i Palestina med en lengsel utover til en forlengelse av det større Israel, fra Eufrat til Nilen.

Vår primære antagelse i kampen mot Israel sier at den sionistiske enheten er aggressiv fra begynnelsen av og bygger på land som er revet fra sine eiere på bekostning av det muslimske folks rettigheter. Derfor vil vår kamp kun være over når denne enheten er utslettet. Vi anerkjenner ingen avtale med den, ingen våpenhvile og ingen fredsavtaler, uansett om de er separate eller konsoliderte.

Vi fordømmer kraftig alle planer på forhandling med Israel og betrakter alle forhandlere som fiender av den grunn at slik forhandling ikke er noe annet enn en anerkjennelse av legitimiteten til den sionistiske okkupasjonen av Palestina. Derfor motsetter vi oss og forkaster Camp David-avtalene, kong Fahds forslag, Fez- og Reagan-planene, Bresjnevs og de fransk-egyptiske forslagene og alle andre programmer som inkluderer en anerkjennelse (til og med en implisitt anerkjennelse) av den sionistiske enheten.

DET MUSLIMSKE BRORSKAPET

Det muslimske brorskapet, som blir betraktet som den største islamistiske bevegelsen i verden i dag, ble grunnlagt av Hasan al-Banna i 1928 og hengitt til troserklæringen: «Allah er vårt mål, profeten er vår leder, Koranen er vår lov. Jihad er vår vei. Å dø på Allahs vei er vårt høyeste håp.»

I 1982 skapte Det muslimske brorskapet en strategi på 12 punkter for å «*opprette en islamistisk regjering på jorda*» – *som er identifisert som Prosjektet.*[43]

Nedenfor er det en liste over taktikk og teknikker som man anvender for en islamsk erobring av Vesten. Blant disse kan vi finne:

* Å gjøre den palestinske saken til en global kile for muslimene.
* Vedta en total frigjøring av Palestina fra Israel og opprettelsen av en islamsk stat som en nøkkel i planen for global islamistisk dominans.
* Iverksette en konstant kampanje for å egge muslimer til hat mot jødene og forkaste enhver diskusjon om et forlik eller sameksistens med dem.
* Aktivt skape jihad-terror-celler i Palestina.
* Koble terroristaktivitetene i Palestina med den globale terrorbevegelsen.
* Samle tilstrekkelige midler til å forevige og støtte jihad over hele verden på ubestemt tid.

Hamas ble skapt av Det muslimske brorskapet i 1987. Omtrent på denne tiden ble al-Qaeda også dannet. President Erdogans politiske parti i Tyrkia er grunnlagt på den samme ideologien som Det muslimske brorskapet. Før han ble statsminister, ble Erdogan dømt til fire måneder i fengsel for å ha sitert offentlig et dikt med følgende ord: «Moskeene er våre brakker, domene våre hjelmer, minaretene våre bajonetter og de trofaste våre soldater.»[44] Erdogan har hatt en politisk karriere i Tyrkia som ligner veldig på Hitlers karriere i Tyskland.

43 Dette dokumentet ble oppdaget under et raid av sveitsiske myndigheter i en luksuriøs villa i Campione, Sveits. Målet med raidet var Youssef Nada, direktør for Al-Taqwa-banken i Lugano, som har hatt et aktivt forhold til Det muslimske brorskapet i mer enn 50 år og som innrømmet å ha vært en av organisasjonens internasjonale ledere.
44 BBC News, 4. november 2002.

Det muslimske brorskapet har erklært at målet er å overta kontrollen over hele verden for islam ut fra Gaza. Tyrkias president Receep Erdogan har gitt sin helhjertede støtte til Hamas' islamistiske strategi for verden.

UTTALELSER FRA KORANEN

«Å, dere som tror! Kjemp mot dem av de vantro som er nær dere, og la dem finne tøffhet i deg, og vit at Allah er med dem som er gudfryktige.» (Koranen 9,123.)

«Drep de vantro hvor du enn finner dem.» (Koranen 2,191.)

«Slakt eller korsfest eller skjær av hender og føtter på de vantro, slik at de blir utvist fra landet med vanære, og at de skal ha stor straff i verden heretter.» (Koranen 5,34.)

«Slå hodene av vantroende, og etter å ha utført en stor slakt blant dem, bind nøye de gjenværende fangene.» (Koranen 47,4.)

«Hvis vi ikke går fram [for jihad], vil han [Allah] straffe oss med en alvorlig straff og sette andre i vårt sted.» (Koranen 9,39.)

«Og han beordrer oss til å kjempe mot dem inntil det ikke er noen mer tumult og troen på Allah blir praktisert overalt.» (Koranen 8,39.)

«Gud har kjøpt fra de trofaste deres personer og eiendeler mot paradisets gave. De kjemper på Allahs vei, de dreper og blir drept. Det er et løfte som et bindende for Allah.» (Koranen 9,110.)

«Hvil ikke i forfølgelse av fienden.» (Koranen 4,104.)

«Å, profet! Før krig mot de vantro og hyklerne og handle strengt med dem.» (Koranen 66,9.)

Siden økningen i oljeprisen etter embargoet/den økonomiske jihad etter Jom kippur-krigen i 1973, har arabiske og muslimske stater tjent mange billioner dollar på å selge olje og gass. Det er antagelig den største overføringen av rikdom i menneskets historie. En stor del av disse pengene er blitt brukt til å kjøpe en hær av leiesvenner og apologeter i ikke-muslimske land i tillegg til å finansiere den globale jihad. Saudierne alene har brukt *minst* 90 milliarder dollar på dette.

ISRAELS VENNER

På den positive siden kan vi se at en av de få europeiske politikerne som har forstått Det muslimske brorskapets strategi, er Jose Maria Aznar, som var statsminister i Spania fra 1996 til 2004. Aznar har startet en ny organisasjon ved navn «Israels venner», som primært består av ikke-jødiske europeere og amerikanere, inkludert Perus tidligere president Alejandro Toledo og John Bolton, tidligere FN-ambassadør for USA.[45]

Da organisasjonen ble startet, sa Aznar:

«Vrede på grunn av Gaza er en distraksjon. Vi kan ikke glemme at Israel er Vestens beste allierte i en turbulent region. For altfor lenge nå har det vært umoderne i Europa å tale Israels sak. I kjølvannet av en nylig begivenhet ombord på et skip fylt med anti-israelske aktivister i Middelhavet, er det vanskelig å tenke på en mer upopulær sak man kan forfekte.

45 Se «Many Prominent Europeans Launch Pro-Israel Initiative», 19. juni 2010, http://www.onejerusalem.org/2010/06/many-prominent-europeans-launc.php lastet ned 5. september 2011.

Det er unikt i Vesten at [Israel] er det eneste demokratiet hvis eksistens er blitt utfordret siden grunnleggelsen. I begynnelsen ble de angrepet av sine naboer med de konvensjonelle våpnene i krig. Så møtte de terrorisme som kulminerte i bølge eller bølge med selvmordsangrep. Nå, på anmodning av radikale islamister og deres sympatisører, møter de en kampanje med delegitimering gjennom internasjonal lov og diplomatisk virksomhet.

Sekstito år etter opprettelsen kjemper Israel fortsatt for å overleve. Straffet med raketter som regner fra nord og sør, truet med utslettelse av Iran som søker å skaffe seg atomvåpen, og presset av både venn og fiende, virker det som om Israel aldri vil få et øyeblikk med fred.

De virkelige truslene mot regional stabilitet … kan vi finne i framveksten av radikal islamisme, som betrakter Israels ødeleggelse som en fullbyrdelse av sin religiøse skjebne … Israel er vår første forsvarslinje i en turbulent region … Hvis Israel faller, faller vi alle. Å forsvare Israels rett til å eksistere i fred, innenfor trygge grenser, krever en grad av moralsk og strategisk klarsyn som altfor ofte har forsvunnet fra Europa. USA viser bekymrende tegn på å gå i den samme retningen.

Vesten gjennomgår en periode med forvirring over verdens framtid. I stor grad er denne forvirringen forårsaket av en slags masochistisk tvil på vår egen identitet, av den politiske korrekthetens styre, av en multikulturalisme gom tvinger oss på våre knær for andre, og av en sekularisme som ironisk nok forblinder oss når vi blir konfrontert av jihadister som fremmer den mest fanatiske inkarnasjonen av sin tro. Å etterlate Israel til sin skjebne, i dette øyeblikk av alle, ville bare illustrere hvor langt vi har sunket og hvor ubønnhørlig vår nedgang nå virker.

Når vestlige land tar parti for dem som stiller spørsmålstegn ved Israels legitimitet, at de spiller spill i internasjonale organisasjoner med Israels viktigste behov for sikkerhet, at de prøver å blidgjøre de som er motstandere av vestlige verdier istedenfor å stå fast til forsvar for disse verdiene, er ikke bare et alvorlig moralsk feiltrinn men en strategisk feil av største kaliber.»[46]

46 «Former Spanish President Stand Up For Israel», 17. juni 2010, http://www.one-jerusalem.org/2010/06/former-spanish-president-stand.php (lastet ned 5. september 2011).

OM FORFATTEREN

Lars Enarson fra Sverige er grunnlegger og president for *The Watchman International*, en organisasjon som er viet til å «forberede veien for Messias». En viktig del av tjenesten er *The Elijah Prayer Army*, et verdensomspennende nettverk av bønn for Israel og Midtøsten.

Lars har vært i heltidstjeneste siden begynnelsen av 1970-tallet. Han har en pasjon for å se en gjenopprettelse i våre dager av det opprinnelige, apostoliske evangeliet fra Jerusalem.

Lars bor sammen med sin kone Harriet i Israel der han produserer TV-programmet *On the Walls of Jerusalem* og en video med bønnevarsler. I videoene er det profetisk innsikt, rapporter og spesielle bønnebegjær for dagens situasjon i Midtøsten. Han har skrevet flere bøker og er en bibellærer som reiser mye over hele verden.

«En trengselstid for Jakob» er forfatterens andre bok som er oversatt til norsk. Den første boka heter «Den store skjøgen», og den kom ut på norsk i 2010.

For mer informasjon kan du besøke hjemmesidene hans:
thewatchman.se og *larsenarson.com* på svensk
eller *thewatchman.org* på engelsk.

OM FORLAGET

Israelbok er en underavdeling av forlaget Himmelbok. Forlagets bøker er til salgs på www.himmelbok.no og via mange andre kanaler som bl.a. Amazon. Per juni 2018 er følgende bøker om Israel og lignende temaer til salgs via Himmelbok:

Lars Enarson: *Den store skjøgen*. En bok som vil hjelpe leserne med å forstå hvem den store skjøgen i Åpenbaringsboka er.

Ramon Bennett: *Epler av gull*. Bennett skriver her ei bok om mange skatter som man kan finne i Bibelen hvis man bare leter i den hebraiske teksten. Boka blir utgitt sommeren 2018.

Theodor Herzl: *Den jødiske staten*. Bok nummer en i serien «Sionismens klassikere».

Max Nordau: *Sionismen*. Bok nummer to i serien «Sionismens klassikere».

Jon Andersen: *Hvem bryr seg om palestinerne?* Bok nummer en i serien «Israel og nasjonene». Boka handler om Israels forhold til de palestinske araberne.

Jon Andersen: *Israel – Fra Dan til Beer Sheva*. Dette er en reisehåndbok som beskriver mer enn 200 severdigheter over hele Det hellige land med fargefotografier fra de fleste severdighetene.

Jon Andersen: *Onkel Sam eller onkel Judas?* Bok nummer to i serien «Israel og nasjonene». Boka handler om Israels forhold til USA.

Jon Andersen: *Slagmark – Israels historie 1945-2009*. Denne boka ble opprinnelig utgitt på Hermon Forlag i 2009. En ny, heftet billigutgave av boka er nå til salgs.

199

www.ingramcontent.com/pod-product-compliance
Lightning Source LLC
Chambersburg PA
CBHW061746120626
46550CB00005B/1908